L'enfant unique

Catalogage avant publication de Bibliothèque et
Archives nationales du Québec et de Bibliothèque
et Archives Canada

Catalogage avant publication de Bibliothèque et
Archives nationales du Québec et Bibliothèque
et Archives Canada

White, Carolyn, 1943-

L'enfant unique : les pièges à éviter pour
mieux l'éduquer

(Parents aujourd'hui)
Traduction de : The seven common sins of parenting
an only child.
Comprend des réf. bibliogr.

1. Enfants uniques. 2. Rôle parental. 3. Éducation des
enfants. 4. Parents et enfants. I. Titre. II. Collection.

HQ777.3.W4514 2008   649'.142   C2008-941148-X

Pour en savoir davantage sur nos publications,
visitez notre site : **www.edhomme.com**
Autres sites à visiter : www.edjour.com
www.edtypo.com • www.edvlb.com
www.edhexagone.com • www.edutilis.com

09-08

Traduction française :
© 2008, Les Éditions de l'Homme,
une division du Groupe Sogides inc.,
filiale du Groupe Livre Quebecor Media inc.
(Montréal, Québec)

L'ouvrage original a été publié
par Jossey-Bass, succursale de Wiley,
sous le titre The Seven Common Sins of Parenting
an Only Child

Dépôt légal : 2008
Bibliothèque et Archives nationales du Québec

ISBN 978-2-7619-2130-5

DISTRIBUTEURS EXCLUSIFS :

• Pour le Canada et les États-Unis :
MESSAGERIES ADP*
2315, rue de la Province
Longueuil, Québec J4G 1G4
Tél. : 450 640-1237
Télécopieur : 450 674-6237
* filiale du Groupe Sogides inc.,
  filiale du Groupe Livre Quebecor Media inc.

• Pour la France et les autres pays :
INTERFORUM editis
Immeuble Paryseine, 3, Allée de la Seine
94854 Ivry CEDEX
Tél. : 33 (0) 1 49 59 11 56/91
Télécopieur : 33 (0) 1 49 59 11 33
Service commandes France Métropolitaine
Tél. : 33 (0) 2 38 32 71 00
Télécopieur : 33 (0) 2 38 32 71 28
Internet : www.interforum.fr
Service commandes Export – DOM-TOM
Télécopieur : 33 (0) 2 38 32 78 86
Internet : www.interforum.fr
Courriel : cdes-export@interforum.fr

• Pour la Suisse :
INTERFORUM editis SUISSE
Case postale 69 – CH 1701 Fribourg – Suisse
Tél. : 41 (0) 26 460 80 60
Télécopieur : 41 (0) 26 460 80 68
Internet : www.interforumsuisse.ch
Courriel : office@interforumsuisse.ch
Distributeur : OLF S.A.
ZI. 3, Corminboeuf
Case postale 1061 – CH 1701 Fribourg – Suisse
Commandes : Tél. : 41 (0) 26 467 53 33
                 Télécopieur : 41 (0) 26 467 54 66
                 Internet : www.olf.ch
                 Courriel : information@olf.ch

• Pour la Belgique et le Luxembourg :
INTERFORUM editis BENELUX S.A.
Boulevard de l'Europe 117,
B-1301 Wavre – Belgique
Tél. : 32 (0) 10 42 03 20
Télécopieur : 32 (0) 10 41 20 24
Internet : www.interforum.be
Courriel : info@interforum.be

Gouvernement du Québec – Programme de crédit
d'impôt pour l'édition de livres – Gestion SODEC –
www.sodec.gouv.qc.ca

L'Éditeur bénéficie du soutien de la Société de
développement des entreprises culturelles du Québec
pour son programme d'édition.

Nous remercions le Conseil des Arts du Canada de l'aide
accordée à notre programme de publication.

Le Conseil des Arts du Canada
The Canada Council for the Arts

Nous reconnaissons l'aide financière du gouvernement
du Canada par l'entremise du Programme d'aide au
développement de l'industrie de l'édition (PADIÉ) pour
nos activités d'édition.

Carolyn White

L'enfant unique

Traduit de l'américain par Marie-Luce Constant

www.edhomme.com

*À Alexis, qui a su ignorer tous mes péchés et qui
demeure ma source d'inspiration.
À Chuck, qui a toujours cru en moi et
en notre « trinité ».*

Remerciements

L'éducation d'un enfant unique exige amour et réflexion. Je peux en dire autant de la rédaction de ce livre. Beaucoup de gens merveilleux m'ont aidée à mener ma tâche à bien, ont nourri ma pensée et m'ont encouragée à faire preuve de franchise et à aller jusqu'au bout.

Alexis, ma fille unique et meilleure amie, m'a offert son extraordinaire intuition et a fait de longues recherches qui m'ont aidée à rédiger ce livre. Elle n'a jamais cessé d'avoir foi en mon idée. Sa créativité et ses opinions ont été pour moi des atouts inestimables.

Je dois une vive reconnaissance à mon époux enthousiaste, Chuck, qui m'a convaincue d'écrire ce guide pratique fondé sur sept années d'expérience sur le terrain en compagnie de milliers de parents d'enfants uniques du monde entier.

J'aimerais saluer tout le personnel du service des admissions de l'école Crossroads, notamment Gennifer Yoshimaru : je n'aurais pas pu écrire ce livre sans leurs recommandations, leur soutien et leur sens de l'humour.

Je suis infiniment reconnaissante à ma mère, qui n'a jamais cru qu'être grand-mère d'une fille unique serait moins satisfaisant qu'être grand-mère de toute une ribambelle d'enfants.

Et, naturellement, je remercie tous les enfants uniques et les parents qui m'ont ouvert leur cœur et offert leurs confidences. Ils sont l'âme de ce livre. Leurs expériences serviront à guider les autres.

Avant-propos

Qui se ressemble s'assemble, dit-on. Et la mère d'un enfant unique reconnaît sans hésiter l'enfant unique d'une autre mère. C'est ainsi que j'ai fait la connaissance de ma voisine Carolyn White, qui a immédiatement deviné en moi une enfant unique. Ne me demandez pas comment. Je suis toutefois convaincue que Carolyn possède un sixième sens qui l'avertit quand elle se trouve face à un enfant unique. Une fois admise dans la «tribu», j'ai compris que j'étais devenue l'un de ses sujets d'étude. Peu après la sortie de *La Revanche d'une blonde* (film dont j'ai été coscénariste et qui met en vedette une enfant unique au caractère bien trempé), Carolyn a réclamé une interview pour *Only Child*, la revue qu'elle publie en collaboration avec son époux, Chuck.

Lorsqu'elle m'a demandé si le fait d'être enfant unique avait influencé le développement de ma personnalité, je lui ai répondu que j'avais sans doute reçu beaucoup plus d'encouragements que la plupart de mes contemporains. Mes parents m'ont convaincue que rien n'était trop difficile pour moi. Ce que je préférais, c'était lire, écrire, observer le monde. Si j'avais eu un frère ou une sœur, aurais-je eu la possibilité de suivre cette voie? Aurais-je reçu le même appui de mes parents? Je crois avoir eu une chance extraordinaire, car mes parents m'ont laissée vivre dans ma tête. Quant à eux, ils sont très contents de voir que je gagne ma vie en exerçant un métier qui me plaît et que je n'ai plus besoin de leur emprunter de l'argent!

Lorsque Carolyn m'a invitée à cette interview, il était clair que j'allais me retrouver sur la sellette. Après quelques verres de vin rouge, mon hôtesse s'est transformée en agréable mais impitoyable interrogatrice. Elle a réussi à faire remonter en surface des histoires que je n'aurais même pas songé à confier à ma meilleure amie. Toutefois, lorsque l'article a été publié, j'en ai été très satisfaite. Carolyn respecte beaucoup ses sujets. Dès qu'elle m'a révélé être en train d'écrire ce livre, j'ai eu hâte de le lire. Je savais qu'il contiendrait non seulement les conseils qu'elle a coutume de prodiguer, mais aussi de nombreuses observations extrêmement pertinentes sur les enfants uniques et leurs parents. Sans compter toute une gamme d'anecdotes amusantes que seule Carolyn White est capable de découvrir. De fait, le livre a de loin dépassé toutes mes attentes. C'est un ouvrage extraordinairement facile à lire, qui s'adresse aux parents et aux gens comme moi qui souhaitent comprendre leur passé d'enfants uniques ou leur avenir de parents d'un enfant unique.

Au fil des années, Carolyn et moi avons souvent parlé des connotations habituellement péjoratives de l'expression «enfant unique», souvent synonyme de «gâté» ou d'«égoïste». Mais en réalité les enfants uniques se caractérisent par une curiosité constante à l'égard des autres, par la confiance en soi et une indépendance innée. Victimes des stéréotypes, ils se sentent légèrement différents des autres. Dans son livre, Carolyn présente un point de vue résolument optimiste. Elle rappelle aux parents qu'élever un enfant unique fait appel à des méthodes d'éducation particulières et elle les aide à exploiter ces différences et à tirer profit de leur expérience. Je crois que les liens très étroits et la relation singulière que j'entretiens avec mes parents m'ont appris à partager, contrairement à ce qu'on raconte sur l'égocentrisme des enfants uniques. En outre, je ressens un profond sentiment de loyauté envers mes collègues, mes amis et ma famille. Grâce à eux, j'ai eu une enfance heureuse et je suis très satisfaite de ma vie actuelle.

Lorsque je dois affronter des difficultés — par exemple réécrire un scénario qui n'a aucunement besoin d'être réécrit ou surnager parmi les ego hypertrophiés qui pullulent à Hollywood —, la confiance que j'ai acquise durant l'enfance est, je crois, mon arme la plus efficace. Dans ce livre, les parents apprendront à avoir confiance en eux-mêmes et à préparer leurs enfants à affronter les difficultés de l'existence.

Alexis, la fille de Carolyn et Chuck, est une jeune femme extrêmement brillante, dont j'admire l'intégrité, le sens de l'humour, la gentillesse, la générosité et la grâce. Je puis donc vous assurer que la méthode d'éducation que suggère ici Carolyn produit de merveilleux résultats. Et si un jour je deviens la mère d'un enfant unique, Cet ouvrage sera mon livre de chevet.

KIRSTEN SMITH, coscénariste des films
La Revanche d'une blonde et *Dix bonnes raisons de te larguer*

Introduction

Notre fille est née en 1981, alors que mon mari et moi avions un peu plus de trente ans. À l'époque, on me considérait généralement comme une adolescente attardée, et peut-être le suis-je encore. La plupart de mes contemporaines avaient eu des enfants dans la jeune vingtaine. Même au sein de la génération du baby-boom, nous étions de «vieux» parents. Ma gynécologue m'avait d'ailleurs expliqué qu'un mot particulier — que je me suis empressée d'oublier — décrivait mon étrange condition. Je me rappelle avoir lu ce terme sur mon dossier et grâce à ma vague connaissance du latin j'en avais concocté une traduction : vieillarde. Mon Dieu, mais où s'était donc enfui le temps? Je me croyais pourtant jeune encore. J'avais jeté un coup d'œil au miroir, dans la salle d'examen du médecin, en essayant de juger mon image avec objectivité. Je n'avais pourtant pas l'air si décrépite.

Aujourd'hui, tout a changé. Les femmes attendent fréquemment la quarantaine pour avoir leur premier enfant (par exemple Madonna ou Geena Davis). Certaines ont même réussi à procréer la cinquantaine passée, grâce à des donneuses d'ovules. D'autres élèvent les enfants nés de mères porteuses.

Bien avant que j'aie jeté les dernières couches, amis et parents avaient commencé à me demander si nous avions l'intention d'avoir un deuxième enfant. À l'époque, ces questions ne me gênaient pas, car nous souhaitions avoir deux enfants. Vous connaissez le refrain : «Un garçon pour toi, une fille pour moi…» Nous avions notre fille, et je me disais qu'un garçon ne manquerait pas de faire son apparition. Après tout, mon mari n'apprécierait-il pas la compagnie d'un bambin fasciné par les autos, la pêche et le baseball? Je ne suis pas sexiste, mais j'ai constaté que les rouages du moteur à injection passionnent peu les fillettes. J'adorais mon métier d'enseignante, je me plaisais en compagnie des enfants des autres, et pourtant je ne m'étais jamais considérée comme très maternelle. Après la naissance de ma fille, tout a changé. Comme tous les parents, je trouvais mon enfant captivante et terriblement cocasse. Alexis a parlé très tôt et s'est mise à marcher à huit mois. Enthousiaste, sensible, volubile, elle était prête à conquérir le monde avant même de savoir formuler une phrase complète. Notre tâche consistait, selon nous, à canaliser positivement son énergie et nous pensions qu'un frère ou une sœur la calmerait un peu. Mais la nature ne l'entendait pas ainsi.

Notre fille avait deux ans lorsque nous avons décidé d'avoir un second enfant. Très amusant, certes, mais assez exaspérant lorsque les efforts ne mènent à rien. Après un an et demi de déceptions successives, nous avons entrepris des traitements qui, en comparaison avec ce qu'on fait aujourd'hui, étaient tout aussi délicats que l'application de sangsues pour soigner un rhume. Apparemment, tout fonctionnait. Selon les médecins, je devais prendre régulièrement ma température et poursuivre mes efforts. Mais je n'étais pas du genre à laisser ces circonstances régir sa vie. Mon mari non plus. Nous avons décidé d'oublier les médecins. Et voilà que soudain je suis tombée enceinte! Trois fois de suite! Hélas, chaque grossesse s'est terminée par une fausse couche.

Quatre ans plus tard, nous avons déclaré forfait. Une volonté suprême, infiniment plus puissante que la nôtre, avait décidé que nous n'aurions pas d'autre enfant. Nous avons discuté d'une éventuelle adoption, mais à l'époque c'était horriblement cher et émotionnellement épuisant. Il était difficile d'imaginer que chaque centimètre de notre existence allait être examiné au microscope par des étrangers. Ensuite, ce serait l'attente interminable, peut-être vaine. Trop, c'était trop. Nous en sommes venus à la conclusion que nous n'aurions qu'un seul enfant. De fait, tout ce que nous avons ressenti sur le moment, c'était un soulagement indicible. Mais le plus difficile restait à faire.

Le prochain, c'est pour quand ?

Au départ, je ne m'étais pas formalisée des remarques peu subtiles d'amis et parents, qui se demandaient quand nous offririons à notre adorable fille un petit frère ou une petite sœur. Puis tout a changé et j'ai commencé à me sentir irritée et blessée par ces commentaires de plus en plus indiscrets. Je ne savais comment répondre, sinon en évoquant l'état de mon système reproducteur. Ma fille était en maternelle et toutes ses amies avaient des frères et sœurs, ou étaient sur le point d'en avoir. Elle aussi en voulait. Pourquoi n'en avait-elle pas ? Ce n'était sûrement pas si difficile. Grand-maman et grand-papa pourraient certainement lui en offrir. Après tout, ne lui offraient-ils pas tout le reste ?

Je n'oublierai jamais les six mois qui ont suivi. Assise au bord de son lit, chaque soir, j'essayais d'expliquer à ma fille, en termes intelligibles pour une enfant de trois ans, pourquoi je ne pouvais avoir un autre bébé. Un soir, Alexis, dont les journées étaient remplies de rires et de jeux, m'a regardée, les larmes aux yeux, en disant : « Il y a un vide dans mon cœur. » Je jure que je n'invente rien. Elle avait probablement entendu cette phrase dans la bouche d'un personnage de *Sesame Street* ou dans une histoire racontée par son institutrice. Quoi qu'il en soit, j'étais en proie à un terrible sentiment de culpabilité et j'ai failli en faire une dépression. Pourquoi ne pouvais-je donner à ma fille ce qu'elle désirait le plus ?

Il y a quelques mois, j'ai rappelé cette époque à notre fille, qui m'a dit: «Je voulais simplement la même chose qu'Élisabeth. Si on lui offrait une poupée, j'en voulais une aussi. Élisabeth venait tout juste d'avoir une petite sœur, alors j'en voulais une. Mais ce n'était pas important. Tu n'aurais jamais dû prendre ça au sérieux!» Pour la première fois de ma vie, j'ai eu envie d'étrangler Alexis, mais je n'ai réussi qu'à m'exclamer: «Comment peux-tu être aussi insensible? Tu m'as brisé le cœur! Je me suis sentie coupable durant des années!» Réponse d'Alexis: «Ah, bon. Dis donc, peux-tu me prêter ta chemisette à broderies paysannes?»

De toute évidence, mon chagrin ne suscitait aucune sympathie. Dès qu'elle avait accepté l'idée de ne pas avoir de sœur, Alexis s'était adaptée à la situation et avait continué à s'amuser sans problème. À l'instar des enfants qui se sentent aimés et protégés, elle était en fait beaucoup plus coriace que je ne le croyais. Comment avais-je pu me tromper ainsi? C'est parce que les parents d'un enfant unique ont de multiples occasions de faire des projets à long terme, alors que leur enfant vit au jour le jour. Pendant que nous nous interrogeons sur l'avenir, notre enfant se demande s'il aura la permission de passer la nuit chez son meilleur ami ou s'il parviendra à capturer la couleuvre qu'il a aperçue la veille dans le jardin.

Bizarre, notre famille?

Lorsque Alexis est née, la documentation sur les enfants uniques était presque inexistante. Tout ce que je savais, c'était ce que j'avais entendu autour de moi. Rien de bien réjouissant. Les enfants uniques étaient de petits monstres qui généraient toutes sortes de catastrophes. J'observais notre fille espiègle de six ans en me demandant quels cauchemars l'avenir nous réservait. Les jours où elle était d'humeur charmante, j'avais l'impression d'être une mère dénaturée, qui avait condamné son enfant unique à une vie monotone. Ma culpabilité et mon anxiété étaient entretenues par les médias qui s'immisçaient dans tous les aspects de la société. Une famille idéale, nous serinait-on, comptait quatre membres et non trois. À cette époque, je ne connaissais qu'une seule autre mère d'enfant unique. La génération de ma fille était probablement la première, depuis le krach de Wall Street en 1929, à compter un si grand nombre d'enfants uniques, mais aucune de ces mères ne vivait dans mon entourage. Par conséquent, lorsque j'avais besoin d'aide pour résoudre un problème, je téléphonais à mon amie. Ses anecdotes et ses conseils étaient parfois tout ce dont j'avais besoin pour être rassurée.

Néanmoins, après des années d'opprobre, mon mari et moi étions épuisés et déroutés. Avoir un enfant unique était donc une maladie? Notre adorable fillette se métamorphoserait-elle en adulte inadaptée? Les autres enfants stigmatiseraient-ils cet être bizarre? Que vivaient les autres parents d'enfants uniques? Comment se débrouillaient-ils? Quelle était leur réaction lorsqu'on leur affirmait que leur enfant tournerait mal ou finirait à l'asile parce qu'il n'avait ni frère ni sœur? Nous n'en avions aucune idée. C'est pourquoi nous avons décidé de publier un bulletin qui s'adressait aux autres parents et qui nous permettrait de partager nos expériences. Après tout, n'est-il pas préférable d'être anxieux à plusieurs que tout seul?

La naissance d'*Only Child*

Pendant plusieurs années, nous avons élevé notre fille comme le font la plupart des gens: par la méthode des essais et erreurs. À l'arrivée d'Internet, Alexis avait quinze ans et elle était en pleine crise d'adolescence. Néanmoins, nous avions l'impression d'avoir tiré de nombreuses leçons de nos méprises. J'avais été enseignante, journaliste et responsable des admissions dans une école privée. Ma vie professionnelle consistait pour une large part à écouter avec compassion et objectivité les doléances des parents et de leurs enfants. Mais, si enrichissante que soit ma carrière, je me sentais prête à allier mes compétences en enseignement et en journalisme pour créer quelque chose de neuf.

Un jour, mon mari et moi avons décidé de concevoir un site Web et un bulletin, tous deux intitulés *Only Child*. Et c'est ainsi que je suis devenue rédactrice en chef d'une modeste publication de douze pages, tandis que mon mari se chargeait du site Web, onlychild.com. Les débuts furent difficiles, mais nous savions que nous avions visé juste. Quelques années plus tard, les chaînes de télévision CNN et NBC parlèrent de nous, mais ce qui nous stupéfiait le plus, c'était le nombre de lettres et de courriels que nous recevions du monde entier.

Nos correspondants avaient désespérément besoin de conseils. Beaucoup se sentaient coupables, anxieux et perdus. Certains couples infertiles étaient incapables d'avoir plus d'un enfant, tandis que d'autres avaient délibérément choisi de n'en avoir qu'un seul. Dans tous les cas, ces gens souhaitaient que soit affirmé leur droit de n'avoir qu'un enfant, mais ils voulaient surtout savoir comment élever cet enfant pour en faire un être équilibré. Certains parents avaient eux-mêmes été des enfants uniques et ils voulaient nous dire que pour eux la perpétuation de ce modèle était une chose positive. D'autres étaient harcelés par leurs parents et amis, même s'ils étaient heureux de n'avoir qu'un enfant. Ils voulaient savoir comment réagir aux pressions et conseils indus.

Peu à peu, nous étions devenus les confidents de tous ces parents. Certains avaient été trop indulgents à l'égard de leur enfant, avaient omis de lui fixer des limites et en subissaient les conséquences. De jeunes adultes, enfants uniques, se demandaient comment prendre soin de leurs parents vieillissants. Des étudiants nous décrivaient les liens étroits qui les unissaient à leurs parents, et les hauts et les bas d'une telle relation. Nous nous sommes rendu compte que, autour de l'enfant unique, gravitait une multitude de considérations plus complexes que nous l'avions imaginé.

Notre publication est devenue une petite revue. Dans un des numéros, j'ai écrit un article sur ce que j'appelais les «sept péchés» que commettent la plupart des parents d'un enfant unique. J'ai été submergée de lettres des lecteurs. Je ne veux pas dire que les parents qui ont plusieurs enfants ne commettent pas les mêmes erreurs, mais lorsqu'on n'en a qu'un, tout devient plus évident et, dans un certain sens, plus important. Je le sais, car mon mari et moi avons commis maintes fois chacun de ces péchés. D'ailleurs, il nous arrive encore de pécher de temps à autre.

Heureusement, ces péchés que commettent les parents ne sont pas des péchés capitaux, mais à longue échéance ils peuvent avoir des conséquences catastrophiques si on les laisse gâter la vie de tous les jours. J'ai divisé ce livre en chapitres qui traitent chacun des conséquences d'un «péché» parental précis : générosité et attention excessives; surprotection; manque de discipline; désir de compenser; recherche de la perfection; traitement de l'enfant en adulte; et excès de louanges. Les trois premiers sont les plus graves, car ils nous éloignent du type d'amour et de conscience spirituelle dont nous avons besoin pour élever un enfant équilibré sur le plan émotionnel.

Bien que les médias s'efforcent de nous convaincre que la cellule familiale idéale devrait être composée d'une mère, d'un père et de deux enfants, la réalité est souvent différente de ce stéréotype. Au cours des vingt-cinq dernières années, le nombre d'enfants uniques a plus que doublé en Amérique du Nord et plus de 20 % des familles d'aujourd'hui n'ont qu'un enfant, comparativement à 9,6 % dans les années 1970. Le taux de natalité est de 1,51 enfant par femme au Canada et il est en baisse; il est de 1,93 aux États-Unis. C'est en Espagne (1,13) que ce taux est le plus bas parmi les pays industrialisés. Viennent ensuite l'Italie (1,2), l'Allemagne (1,29) et le Japon (1,33). La France non plus ne renouvelle pas sa population, car le taux de natalité y est de 1,8. Pour ralentir son explosion démographique, la Chine a adopté au début des années 1970 une loi qui interdisait aux parents d'avoir plus d'un enfant. Ainsi, ce pays a-t-il réussi à faire chuter son taux de natalité à 1,8. Ces dernières années, on a quelque peu modifié la loi, de sorte que les familles des régions rurales et celles qui acceptent de payer des impôts plus élevés ont le droit d'avoir deux enfants. Voilà pourquoi des millions de familles du monde entier sont à l'affût d'informations sur l'éducation des enfants uniques.

Ce livre a été conçu comme un guide simple à l'usage des parents d'aujourd'hui aux prises avec les problèmes de la modernité. Par exemple, si vous vous questionnez sur les conséquences d'un excès de générosité ou d'attention, reportez-vous au premier chapitre au lieu de perdre du temps à lire des informations dont vous n'avez peut-être pas besoin. Si vous avez déjà commis l'un des sept «péchés», vous ne recommencerez pas si vous apprenez à l'éviter. J'ai adopté une démarche pratique qui repose sur des expériences concrètes. Je ne suis ni sociologue ni psychologue; je ne prétends donc pas avoir fait une étude scientifique. Mais en tant que mère et enseignante, j'ai eu l'occasion d'offrir des conseils à d'innombrables parents, dans le monde entier.

Je me suis entretenue avec des centaines d'enfants uniques et aussi avec leurs parents avant de faire paraître mes articles dans *Only Child*. Les histoires, anecdotes et conseils qui illustrent mes observations sont destinés à en faciliter la compréhension et à y ajouter une dimension concrète. La plupart des gens m'ont priée de ne pas divulguer leur véritable identité, alors j'ai changé les noms, mais leurs expériences n'ont rien perdu de leur pertinence. J'espère que ces récits aideront les parents à comprendre qu'ils ne sont pas seuls à s'interroger sur les décisions à prendre pour leur enfant unique et pour eux-mêmes. Nous avons tous commis ces péchés à un moment ou à un autre. Moi, la première, je plaide coupable. Votre but doit consister à commettre ces fautes de moins en moins souvent. Et je vous assure qu'il est possible d'obtenir l'absolution. Il suffit d'entendre nos enfants nous dire qu'ils nous aiment et que nous avons réussi à en faire des adultes équilibrés. Pour cela, vous devrez probablement attendre que votre enfant franchisse le cap de l'adolescence. Cela dit, les parents qui refusent d'admettre leurs erreurs sont malheureusement destinés à élever des enfants qui seront incapables de s'éloigner d'eux pour vivre leur vie. C'est grave ! Dans ce cas, on ne doit pas s'attendre à recevoir l'absolution.

Ce livre repose sur des expériences et sur des recherches de longue haleine qui, je l'espère, vous aideront à élever votre enfant unique. J'aimerais qu'il suscite la discussion et la réflexion. Si vous souhaitez en apprendre davantage sur nous et notre publication, *Only Child*, visitez notre site Web, www.onlychild.com, et envoyez vos questions et commentaires à : subscriptions@onlychild.com. Nous ferons tout notre possible pour vous répondre.

CAROLYN WHITE

CHAPITRE UN

L'ENFANT À QUI L'ON DONNE TROP

La semaine dernière, nous avons dû retirer notre fils de cinq ans de l'école maternelle, car il causait des problèmes. Il n'a pas fréquenté la prématernelle parce que je ne supportais pas l'idée de me séparer de lui quelques heures par jour. En outre, chaque fois que nous évoquions cette possibilité, il fondait en larmes et je cédais. Étant donné que nous n'avons que lui, nous n'avons jamais pu résister au plaisir de lui acheter tous les jouets qu'il réclame et de lui accorder toute l'attention qu'il exige. D'après son institutrice, il ne comprend pas que les autres bambins ont eux aussi besoin qu'on s'occupe d'eux et qu'il doit partager avec eux les livres et les jouets. Son attitude perturbe la classe. Alors j'ai décidé de lui faire l'école à la maison. Je sais que nous devrions modifier notre méthode d'éducation, mais je ne sais comment m'y prendre.

Lorsque le premier-né arrive, c'est un messie. Je n'exagère pas : la naissance d'un enfant présente bien des points communs avec une expérience mystique. L'univers des parents en est complètement bouleversé. Soudain, tout paraît plus brillant, plus coloré, mais aussi plus dangereux. Chaque acte revêt une signification nouvelle, plus profonde, parce que le bébé est vu comme le fruit d'un miracle et fait peser sur ses parents une terrible responsabilité. Qui a dit que les miracles sont faciles à supporter?

Lorsque nous voyons pour la première fois notre nouvel enfant, nous sommes submergés d'émotion. Connaissant si bien nos propres défauts, nous nous demandons si nous sommes dignes de posséder cette petite créature, parfaite de la tête aux pieds. Nous prenons de nouvelles résolutions, nous nous jurons de consacrer notre temps et nos ressources à cet enfant, de l'aimer plus que tout au monde. Nous nous promettons de réaliser tous ses rêves. Et c'est ainsi que le sort en est jeté. Combien de parents ont déjà dit à leur enfant: «J'aimerais tout te donner»?

Ce désir ardent est encore plus marqué dans les familles où il n'y a qu'un enfant. Souvent, les parents savent qu'il sera leur seul enfant. Par conséquent, pourquoi se priver? Quant aux parents qui ne réussissent pas à en avoir plus d'un, ils se sentent souvent si complexés qu'ils sont prêts à offrir non seulement la lune, mais encore les étoiles, et peut-être même une Mercedes à leur enfant unique, pour peu qu'il le demande gentiment.

Les parents d'une famille nombreuse croient aussi au miracle, mais ils savent qu'il a un prix. Lorsqu'ils posent le regard sur leur deuxième ou troisième enfant, ils se remémorent les nuits sans sommeil, les coliques et les caprices, les premiers pas précautionneux et les premiers mots ensorcelants. Dans de telles familles, les cadets et benjamins doivent attendre leur tour, jouer avec les poupées de leur sœur aînée, suivre leur grand frère au match de football. Si irrésistibles soient-ils, ils ne possèdent pas aux yeux des parents l'aura quasi mystique du premier-né. Pourquoi? Parce que Disneyland n'éblouit jamais autant qu'à la première visite. Je ne veux pas dire par là que les enfants des familles plus nombreuses ne sont pas exigeants, mais simplement qu'ils apprennent à exiger moins. Et les parents, qui en ont vu d'autres, apprennent à fixer très rapidement les limites de leurs ressources émotionnelles, physiques et matérielles. C'est une question de survie.

De leur côté, les parents d'enfants uniques n'ont pas à s'adapter à de nouvelles circonstances. Ils peuvent donner, jusqu'à ce qu'il ne leur reste plus rien. Ils peuvent devenir des machines à gratifier, parce qu'ils ne savent pas faire autrement. Après tout, n'obéissent-ils pas à un instinct primitif, celui de faire plaisir à son enfant? L'ennui, c'est qu'ils ne comprennent pas à quel point il est dangereux d'offrir au bambin trop d'attention, trop de compréhension et trop de jeux électroniques. Les parents d'un enfant unique veulent tout donner et n'exigent rien en retour. Au début, tout au moins.

Les deux types d'excès que ces parents ont du mal à éviter ont trait aux biens matériels et à la générosité émotionnelle. Il arrive que les deux se chevauchent. Des parents qui dépensent des milliers de dollars dans les magasins de jouets s'efforcent souvent d'atténuer leur sentiment de culpabilité à l'idée de n'avoir pas procuré un petit frère ou une petite sœur à leur enfant. S'ils ont choisi de n'avoir qu'un enfant, ils n'ont peut-être pas de remords, mais dans ce cas qu'est-ce qui les empêche d'acheter une girafe en peluche de trois mètres de haut? «Après tout, nous n'avons qu'un enfant.» Voilà une phrase susceptible d'empoisonner le cerveau des parents. Pourquoi ne pas aider Madeleine à nouer les lacets de ses chaussures, bien qu'elle soit capable de le faire toute seule? «Nous n'en avons qu'une et j'ai bien le temps.» Pourquoi ne pas acheter à Victor une paire de chaussures de sport à 150$? «Après tout, nous n'en avons qu'un.» Et ainsi de suite, jusqu'au jour où votre fille unique est persuadée qu'elle peut dépenser 300$ par mois au salon de coiffure.

Voyons maintenant de plus près ces deux types d'excès.

Un enfant trop gâté

En Amérique du Nord, tout est plus gros qu'ailleurs. Aux États-Unis, le centre commercial le plus rentable est aussi le plus grand. Chaque nouvel hôtel de Las Vegas est plus vaste que les autres. Les établissements de crédit nous affirment désormais que dépenser équivaut à économiser. Pardon ?

Si les ancêtres puritains des Américains ressuscitaient, ils reprendraient probablement le *Mayflower* à destination de l'Ancien Monde. Ce n'était certes pas ce qu'ils avaient à l'esprit lorsqu'ils ont fui la corruption et les excès de l'Europe pour le Nouveau Monde. Leur idéal était une communauté où la modestie et la frugalité domineraient. Tout, de leurs vêtements à leurs rituels, était le plus austère possible. Certes, leur vie ne devait pas être particulièrement drôle, mais il ne nous a fallu que quelques siècles pour nous transformer en monstres de la consommation. Un exemple : 60 % des Américains sont obèses.

Nous sommes assaillis par les possibilités de toutes sortes. Une simple visite au supermarché fait surgir une multitude de dilemmes. Une vingtaine de marques de lessive, une douzaine de marques de biscuits, une gamme si large de chips que j'imagine souvent toute la ville de Los Angeles submergée par ces croustilles. On perd un temps fou à lire les étiquettes. Souvent, on saisit le premier article et on file.

Récemment, j'ai dû acheter un cadeau pour une fillette de deux ans. Je songeais à des aliments en plastique destinés à sa cuisine de poupée et je me suis rendue au magasin de jouets où j'ai constaté avec stupéfaction qu'il y avait là autant de marques qu'au supermarché.

Le but de la publicité est de nous faire désirer des choses dont nous n'avons pas besoin et, une fois que nous les avons achetées, de

nous faire désirer autre chose. Ainsi, nous ne sommes jamais satisfaits, nous en voulons toujours plus, et tout de suite. Plus nous en avons,
plus nous sommes insatisfaits. Plus il est facile de se procurer ces
objets, plus nous en voulons. Nous sommes les victimes parfaites. Pourtant, pour transmettre à un enfant le sens des réalités et des proportions, lui apprendre à mettre l'accent sur ce qui compte vraiment, nous
devrions plutôt lui inculquer le goût de la simplicité et de la discipline.
Il nous incombe, à nous les parents, d'empêcher nos enfants de se faire
dévorer par la société de consommation. Notre devoir est de les protéger contre le téléphone portable dernier cri, contre le lavage de cerveau de la télévision et du cinéma. Les enfants sont naturellement
gloutons. Offrez un paquet de guimauves à un bambin de cinq ans et
il s'en rendra malade. En tant que parents, nous devons leur enseigner
la modération et les choix éclairés.

Découragez la gloutonnerie

Nous travaillons fort et il est normal que nous ayons envie de nous
faire plaisir de temps à autre. Des vacances dans un centre de santé,
à la campagne ou au golf nous régénèrent, mais si nous ne faisions
que ça, nous considérerions certainement cela comme excessif. Il est
revigorant de pouvoir satisfaire ses désirs, mais trop, c'est trop. Il en
va de même pour les enfants. Au départ, nous sommes heureux de
pouvoir les choyer matériellement, mais, en faisant de la gâterie une
habitude, nous risquons de compromettre leur avenir.

Entourer un enfant unique de possessions matérielles est presque
inéluctable. D'abord, nous avons plus d'argent à lui consacrer. S'il fallait diviser les ressources entre plusieurs enfants, la situation serait différente. Certains enfants uniques se souviennent de s'être épuisés à
déballer des montagnes de cadeaux à Noël, avant de s'exclamer: «C'est
tout?» Les parents en sont estomaqués et se demandent ce qu'ils ont
fait pour avoir un enfant si cupide. L'excès de générosité est cumulatif;

il ne se produit pas du jour au lendemain. Votre fillette ne deviendra pas obsédée par la consommation la première fois que vous lui achèterez une poupée. Mais si vous achetez ensuite la voiture, la maison, le salon de coiffure et l'agence de mannequins de la poupée, votre fille risque de toujours en vouloir davantage. Vous achetez des choses parce que vous en avez les moyens. Que disent les statistiques? Les parents d'un enfant unique lui consacrent plus d'argent que la plupart des parents de deux ou trois enfants consacrent à toute leur progéniture!

Les enfants ne peuvent établir des valeurs lorsqu'on leur donne tout. Pourtant, ils ne demandent pas tout. Ce qu'ils désirent par-dessus tout, c'est le sentiment de sécurité et l'amour que leurs parents leur prodiguent. Par conséquent, les parents doivent apprendre à se retenir, parce que les enfants doivent pouvoir désirer afin de continuer à rêver.

Fixez des limites

Il existe une autre tentation à laquelle il est difficile de résister: utiliser les jeux, vêtements, jouets et promenades pour avoir la paix. Une mère qui a grandi dans la pauvreté est prête à tout donner à sa fillette de cinq ans. Au lieu de fixer des limites (ce qu'elle a réellement envie de faire), elle cède dès que l'enfant fait un caprice. Ainsi, la petite Zoé quitte le magasin de jouets les bras pleins, tandis que son amie, enfant unique dont la mère est plus réaliste, n'a que le droit de choisir un article.

Dans la vie de Zoé, il n'y a aucune limite. Lorsqu'un adulte lui explique qu'elle ne peut tout avoir, elle lui tire la langue en vociférant: «Je t'aime pas!» Lorsque sa mère lui cuisine un petit déjeuner appétissant, elle repousse l'assiette: «J'en veux pas!»

Un jour, Zoé s'est jetée par terre en hurlant, par caprice. Sa grand-mère s'est agenouillée à côté d'elle, l'a embrassée en lui assurant: «Mais, Zoé, nous t'aimons.» Grand-maman a récompensé Zoé pour son comportement détestable, ce qui — hélas! — encouragera l'enfant à recommencer. Si Zoé hurlait, c'était plus pour réclamer des limites que pour satisfaire tous ses caprices.

Les enfants ont besoin de parents qui se comportent comme tels. Les limites leur procurent un sentiment de sécurité. Nous avons tous vu des enfants qui pouvaient courir partout dans les magasins, en touchant à tout. À l'instar de Zoé, ils mendient constamment. Malheureusement, trop de parents n'ont pas le courage de leur dire non. En cédant à l'enfant, nous avons parfois l'impression de choisir la solution facile. Mais c'est aussi une forme de lâcheté. Si l'enfant pique sa crise dans un magasin bondé parce que nous lui avons refusé quelque chose, nous voilà bien embarrassés ! Nous sommes contraints d'expliquer la situation aux étrangers qui nous entourent. Sinon, ils nous fusilleront du regard, même s'ils sont eux-mêmes passés par là. Alors, pour avoir la paix, nous ouvrons le portefeuille et décidons de régler le problème plus tard, une fois de retour à la maison... peut-être.

Pourtant, souvenez-vous que les enfants vivent au moment présent. Un bambin de quatre ans à qui vous cédez au magasin ne comprendra peut-être pas pourquoi vous lui refusez un jouet le lendemain. Votre explication d'adulte — «Je t'ai acheté ce robot parce que le réparateur de téléviseur devait passer à la maison et que j'étais pressée de rentrer» — n'aura aucun sens pour lui. L'enfant comprendra plutôt : «Je devais rentrer à la maison pour accueillir le réparateur de téléviseur, et la prochaine fois que nous irons au magasin tu pourras choisir un nouveau robot.» En d'autres termes, il sait qu'il aura ce qu'il veut la prochaine fois, parce qu'il est plus coriace que vous. Il est bien sûr trop jeune pour se dire cela consciemment, mais il sait parfaitement que le rayon des jouets lui appartient. Il sent son pouvoir augmenter au détriment du vôtre. Ne craignez pas de prendre la situation en main et de dire non. Mais assurez-vous d'expliquer votre refus avec des mots qu'un jeune enfant peut comprendre.

La planification stratégique

Pour désamorcer les conflits au magasin et résister aux caprices, vous avez besoin d'une stratégie. Les parents devraient d'abord énoncer clairement ce qu'ils attendent de l'enfant au magasin, au restaurant ou au parc d'attractions.

Fixez à la maison des limites qui paraîtront sensées aux yeux des enfants et du reste de la famille. Puis respectez vos propres résolutions. Lorsque son père refuse de lui acheter une trottinette, l'enfant fera une scène si le parent a omis de fixer des limites avant de quitter la maison. Si les enfants font des caprices et se montrent déraisonnables, c'est parce que les parents n'ont jamais su ou n'ont jamais eu le courage de fixer des limites et de les respecter.

Lorsque notre fille a eu trois ans, nous avions déjà établi une règle de conduite à suivre au magasin de jouets : si je l'emmenais avec moi acheter un cadeau d'anniversaire pour une de ses amies, elle avait le droit de se choisir un petit article. Un, pas deux ! Je voulais lui faire comprendre que le but de la visite était d'acheter un cadeau pour quelqu'un d'autre.

Nous commencions par discuter et nous dressions une liste de trois cadeaux possibles. Comme il s'agissait d'une de ses amies, je voulais qu'elle participe à l'achat. Ensuite, nous faisions une liste de trois jouets dont elle avait envie. Trois était notre chiffre magique : ni trop ni trop peu. Nous commencions par choisir le cadeau pour l'amie. Étant donné que les règles de conduite avaient été fixées à la maison, elle ne s'insurgeait pas si je refusais de lui acheter un autre jouet qui avait attiré son regard. Ainsi, nos petites excursions au magasin étaient d'agréables moments que nous partagions et non de sanglantes escarmouches pour déterminer qui aurait le dessus.

Lorsque j'étais enfant, les parents prenaient toutes les décisions sans nous consulter. Le terme «négociation» ne faisait pas partie du vocabulaire. Mais, curieusement, l'absence de démocratie à la maison m'a fait comprendre qui j'étais et m'a procuré un sentiment d'appartenance. J'étais une enfant et, de ce fait, je n'avais pas le pouvoir d'un adulte. Les désirs de mes parents passaient avant les miens.

De fait, mes parents étaient juge et partie. Leurs décisions ne me plaisaient pas toujours, mais j'essayais rarement de les contester, du moins jusqu'à ce que je parvienne à l'adolescence. C'est alors que leur autorité a servi de prétexte à ma rébellion! Aujourd'hui, nous élevons nos enfants différemment, peut-être trop différemment. Bien qu'il soit important de les écouter, il est insensé de les laisser nous mener par le bout du nez. Lorsque j'étais enfant, j'ai dû me priver de bien des choses parce que mes parents n'avaient pas les moyens de me les offrir. Je n'étais pas Cendrillon, mais je me souviens d'avoir souhaité, en vain, voir certains jouets apparaître comme par magie le jour de mon anniversaire. Et lorsqu'on m'offrait une chose que je désirais depuis longtemps, j'étais aussi heureuse que l'héroïne d'un conte de fées.

À huit ans, je rêvais d'une certaine poupée, mais jamais je n'aurais osé harceler mes parents pour l'obtenir. Néanmoins, ils connaissaient mes goûts et, à mon anniversaire, mes grands-parents m'ont offert la poupée de mes rêves. J'étais euphorique! Je n'avais pas beaucoup de jouets et je les chérissais d'autant plus. J'ai continué d'adorer cette poupée bien après avoir cessé de jouer avec elle. Nos enfants chérissent-ils ainsi leurs jouets? Nous sommes bien plus attachés à notre unique Barbie que nous le serions à une ribambelle de poupées. L'enfant qui n'a qu'un robot s'endormira en le serrant contre lui. Mais s'il en a vingt, il les jettera au fond du coffre à jouets.

Les parents d'un enfant unique doivent apprendre à ne pas tout lui céder. Je ne veux pas dire par là que je ne me suis jamais comportée en mauviette. Lorsque ma fille est entrée en maternelle, son jouet favori était une voiture à pédales. À l'école, c'était l'un des jouets les plus populaires et elle devait chaque fois attendre son tour pour s'en servir. Elle nous a suppliés de lui en acheter une pour la piloter quand elle en avait envie. Mais nous n'avons pas cédé, en dépit de ses larmes et de ses regards pathétiques. Sa meilleure amie en avait une, disait-elle, et elle s'amusait comme une folle. D'après ma fille, les parents d'Anne étaient merveilleux, tandis que nous étions des monstres.

Pendant deux ans, notre fille a espéré ce jouet comme cadeau d'anniversaire, à l'occasion de Hanoukka ou de Noël (nous célébrons ces deux fêtes). Mais nous avons tenu bon. Croyez-le ou non, dix-neuf ans plus tard elle est encore déçue de ne jamais avoir eu cette voiture à pédales! Quant à moi, j'en suis très satisfaite: cela signifie qu'elle a appris que, dans la vie, on n'obtient pas toujours ce qu'on veut. Peut-être qu'aujourd'hui encore elle rêve de piloter cette rutilante voiture! Et puis, si nous lui en avions offert une, elle n'aurait jamais tant apprécié celle dont elle pouvait se servir à l'école.

Nous vivons dans une société où la richesse, la célébrité et le prestige sont plus importants que l'éducation ou les bonnes œuvres. Je doute fort que cela change, mais personne, parmi nous, n'a envie de voir son enfant devenir un escroc, propriétaire d'une magnifique villa bâtie grâce à de l'argent sale. La télévision a partie liée avec le cinéma pour nous empêcher d'inculquer certaines valeurs à nos enfants; et si nous les laissons leur ramollir le cerveau, il ne nous restera plus beaucoup d'armes pour lutter contre le matérialisme. La télévision existe pour nous vendre le plus de choses possible, que nous en ayons besoin ou non, que nous en ayons ou non les moyens. Lorsqu'on regarde les émissions pour enfants, on finit par penser que l'univers n'est qu'un énorme magasin de jouets ou une épicerie gigantesque dont les rayons ne contiennent que des céréales sucrées ou des biscuits au chocolat. Les publicitaires sont formés pour voler l'âme des enfants. Quelles chances avons-nous contre les puissantes multinationales?

Éveillez le sens des responsabilités

Faites participer votre enfant à la vie de la maisonnée en lui donnant des responsabilités bien précises. Par exemple :

1. *Limitez le temps passé à regarder la télévision, des vidéocassettes ou des DVD.* Moins il en regardera, moins il sera influencé par les médias. Je connais même des gens qui vont jusqu'à refuser d'avoir la télé !
2. *Confiez-lui des tâches régulières.* Ces tâches changeront au fur et à mesure que l'enfant grandira.

- *À deux ans :* aider à arroser les plantes, arracher les mauvaises herbes, mettre les fruits secs et les noix dans des sachets pour son goûter, ranger ses jouets.
- *De trois à quatre ans :* brosser le chien ou le chat, aider à planter ou à arroser le jardin, participer à la confection des sandwiches, dresser la table (même si les couverts seront parfois disposés curieusement…), aider à débarrasser la table.
- *De cinq à six ans :* aider à faire son lit, suspendre ses vêtements, aider à plier et à ranger le linge, participer à la confection du déjeuner et du goûter pour l'école, rentrer le journal, aider à la confection de biscuits, nourrir les animaux.
- *Plus tard :* sortir les poubelles, vider le lave-vaisselle, passer l'aspirateur, plier le linge propre, nettoyer la litière du chat, promener le chien, ranger les aliments.

Il est important de bien faire comprendre les priorités et de faire participer les enfants de tout âge à la vie de famille. Vous pouvez consacrer une partie du week-end à ranger la salle de séjour ou à trier les déchets qui seront recyclés. L'enfant qui participe à la vie de famille sera moins obsédé par les biens matériels. Jean Ricard, enfant unique aujourd'hui septuagénaire, a beaucoup souffert de ce que les autres le considéraient comme un enfant gâté. En fait, c'était tout le contraire! «Mes parents avaient des idées bien arrêtées sur l'éducation des enfants : il fallait les faire travailler. J'ai donc appris à laver le plancher, à faire la vaisselle et la lessive, et même à repasser, au cas où j'aurais épousé une femme qui n'aurait pas su le faire. Était-ce une bonne idée? Ma femme, en tout cas, l'apprécie. Je prépare le petit déjeuner, tandis qu'elle s'occupe des autres repas, et c'est moi qui fais la vaisselle. Je participe également aux autres corvées ménagères. En fait, j'ai reçu la meilleure éducation possible pour un enfant unique.»

Apprenez à dire non

Nous n'avons aucun scrupule à dire non au bambin qui met les doigts dans une prise de courant ou qui veut traverser la rue sans nous tenir la main. Au fur et à mesure que les enfants s'ouvrent au monde, ils nous mettent à l'épreuve. Nous devons alors apprendre à dire non pour leur éviter de devenir insupportables ou pour préserver notre santé mentale.

Naturellement, les enfants sont passés maîtres dans l'art de la guerre d'usure. Querelles et pressions finissent par nous épuiser. Notre plus terrible ennemi, dans la guerre contre le «non», c'est l'ambiguïté. Une discipline juste et équilibrée enseignera à nos enfants des valeurs qui deviendront d'importants éléments de leur personnalité.

Nous ne sommes plus au XIXe siècle. Les enfants ne sont plus considérés comme des objets. Il faut prendre leurs sentiments et leurs besoins en considération. Les parents doivent donc réfléchir avant d'agir, mais pas au point de passer pour des indécis. Il faut établir des règles et les mettre en œuvre avant que les choses se gâtent. C'est difficile, j'en conviens, et nous nous souvenons tous des moments où nous avons failli à la tâche. Par ailleurs, en satisfaisant tous les caprices de votre enfant unique, vous créerez un adulte effrayé, anxieux, incapable de se passer des autres et de donner.

Les enfants trop gâtés ont ensuite du mal à nouer des liens durables et à travailler en collaboration avec des collègues. S'ils ont toujours tout eu dans leur jeunesse, ils ne comprennent pas pourquoi, une fois adultes, la situation devrait changer. L'anxiété s'installe. Nous pouvons apprendre à nos enfants à devenir des adultes heureux en leur expliquant dès le départ que nous attendons d'eux certains comportements. Ils doivent comprendre les conséquences de leurs actes et leurs répercussions sur autrui. Lorsque les parents prennent l'habitude de dire non de manière juste, les enfants apprennent à respecter ceux qui les entourent.

Très tôt, il est possible de faire comprendre aux enfants que tout acte entraîne des conséquences. L'enfant semblera peut-être rejeter les limites que vous lui imposez, mais au plus profond de lui-même il saura que c'est pour son bien.

Presque tous les parents ont souffert de la frénésie des garçons pour les jeux vidéo. Il se peut que votre fils convoite les consoles de ses copains. Malheureusement, il s'agit d'un appareil coûteux, et puis l'enfant passe déjà assez de temps devant l'ordinateur. Certes, vous ne voulez pas qu'il se sente exclu, mais d'un autre côté vous n'avez pas envie d'en faire un enfant gâté. Si vous avez un conjoint, vous pouvez discuter ensemble de la manière de dire non. Les enfants intelligents sont d'excellents négociateurs, mais ce n'est pas une raison pour les inscrire au barreau avant leur puberté. Vous souhaitez également éviter qu'il vous dresse l'un contre l'autre, car l'union fait la force. Si votre conjoint ne voit aucun inconvénient à acheter à votre fils des jeux vidéo, il vous sera difficile de faire front commun. N'abordez pas la question avec l'enfant avant d'être parvenu à une entente avec votre conjoint.

Dans son ouvrage *Comment gagner la guerre des pleurnicheries et autres jérémiades*, Cynthia Whitham rappelle aux parents qu'il leur incombe de limiter raisonnablement les achats. Si vous estimez que le jeu vidéo, malgré son prix, en vaut la peine, elle vous suggère de discuter avec l'enfant de ce qu'il pourrait faire pour gagner l'argent nécessaire pour acheter ce jeu. Par exemple, si vous lui donnez régulièrement de l'argent de poche ou si vous le rémunérez lorsqu'il accomplit certaines tâches dans la maison, mettez-vous d'accord sur ce qu'il a le droit de faire de ses gains. Si vous ne voulez pas qu'il les utilise pour acheter des jeux vidéo, précisez-le dès le départ. Sinon, il estimera votre attitude injuste. Il est beaucoup plus facile, ajoute Whitham, de fixer des règles avant même de commencer à lui verser son argent de poche. Discutez franchement avec lui et écoutez son point de vue. Même si vous n'êtes pas d'accord, vous gagnerez son respect. Décidez du type de jeu vidéo que vous jugez acceptable et de la somme que l'enfant aura le droit d'y consacrer. Puis rappelez-lui cette conversation le jour où il essaiera de finasser! Peut-être même pourriez-vous mettre votre accord par écrit. Ainsi, vous éviterez toute ambiguïté.

Faites-lui comprendre que la modération a bien meilleur goût

En 1999, le réalisateur Roberto Benigni a reçu un Oscar pour son film *La Vie est belle.* Dans son discours, il a tenu à remercier ses parents de l'avoir fait naître dans une famille pauvre. Parmi les Nord-Américains qui l'écoutaient, je me demande combien ont saisi son message. Remercier quelqu'un de lui avoir fait connaître la pauvreté? Nous fuyons la pauvreté! Nous faisons tout pour disparaître dans un trou de souris si elle nous rattrape! En réalité, ce que Benigni voulait dire, c'est que la pauvreté lui a inculqué une conception de la vie qu'il n'aurait jamais eue s'il était né dans une famille fortunée. Obligé de se passer de beaucoup de choses, Benigni a appris à mobiliser toutes ses ressources, à exploiter au maximum son ingéniosité et sa créativité. Loin de moi l'idée de promouvoir la pauvreté, mais je crois en une certaine modération volontaire, notamment en ce qui concerne les jeunes enfants, même lorsque la surabondance semble être dans l'ordre des choses.

Voici quelques exemples de modération volontaire :

- *Assurez-vous que votre enfant dispose de beaucoup de temps pour se servir de son imagination.* Ma mère, qui a grandi à l'époque du krach de Wall Street en 1929, possédait peu de jouets. Elle s'amusait à fabriquer des poupées de chiffon. Bien qu'il s'agisse là d'un cas extrême, je sais qu'elle aimait ces jouets de fortune avec une passion que je n'ai jamais observée chez ma fille ou ses amies.
- *Encouragez le déguisement.* Les enfants âgés de quatre à sept ans adorent se déguiser pour se mettre dans la peau d'un autre personnage. Remplissez un coffre de vieux vêtements, de chapeaux et de bijoux, et encouragez votre enfant à les utiliser. Ajoutez-y quelques costumes d'Halloween. Les garçons adorent se déguiser en Spiderman, Harry Potter ou Batman. Si votre fille a vu *Le Magicien d'Oz*, peut-être voudra-t-elle incarner Dorothée, surtout si vous lui dénichez une belle paire de chaussures rouges. Et ne négligez pas les classiques : ballerines, infirmières, médecins et karatékas.

Je sais qu'il n'est pas facile de se restreindre, je suis passée par là, mais c'est le seul moyen, dans notre société de consommation débridée, d'enseigner à nos enfants les valeurs d'une vie équilibrée.

Un excès d'attention

À la maison, les excès matériels n'ont jamais posé de problème, sauf peut-être lorsque les grands-parents nous rendaient visite. Mais l'excès d'attention était une menace perpétuelle. Nous étions toujours présents pour notre fille et, à cet égard, nous avons été de bons parents.

Toutefois, à certains moments nous étions peut-être trop disponibles. Nous l'avons rarement déçue et j'imagine que nous devons être fiers d'avoir été si consciencieux. Mais, rétrospectivement, je me rends compte qu'elle aurait tiré profit de quelques déceptions. Les enfants à qui l'on refuse parfois de l'attention apprennent à compter sur eux-mêmes. En grandissant, ils doivent comprendre que leurs parents ne seront pas toujours là pour les aider à prendre des décisions. D'un autre côté, les enfants uniques trop sûrs d'eux peuvent devenir trop vite responsables. En les autorisant à prendre leur vie en main trop tôt, nous retombons dans le piège que nous essayions d'éviter.

L'enfant unique doit apprendre à vivre dans la modération pour apprécier ce qu'il possède, mais ce n'est pas tout. En tant que parents, nous avons une autre obligation qui est beaucoup plus difficile à remplir que la précédente. Je m'adresse ici aux parents, grands-parents, gardiennes et puéricultrices. Accorder trop d'attention à un enfant peut avoir des conséquences encore plus catastrophiques qu'un excès de générosité matérielle. J'en parle en connaissance de cause, car c'est un péché que j'ai commis. Puisque je suis en train de me confesser, j'ajouterai que, lorsque notre fille était petite, mon but était de lui rendre la vie facile et d'aplanir pour elle toutes les difficultés. J'ai déchanté quand j'ai constaté qu'elle était incapable de prendre la moindre décision toute seule. Choisir entre un sandwich au thon et une tartine de confiture devenait pour elle un véritable dilemme, et elle n'arrivait à rien sans me consulter.

Pour éviter ce piège, il faut être vigilant et s'armer de patience tel un maître de zen. Si nous voulons élever des enfants capables de se débrouiller dans la vie, des enfants bien dans leur peau, nous devons trouver un équilibre. Il est possible de donner aux enfants toute l'attention et toute l'affection qu'ils requièrent sans en faire des tyrans. Si vous ne voulez pas vivre avec un enfant despotique, ne craignez pas de le tenir à l'écart de votre vie d'adulte. En fixant des limites et en apprenant à dire non, vous éloignerez le chaos et ferez naître l'harmonie non seulement à la maison, mais aussi dans le cœur de votre enfant.

Nina, psychologue, et son époux, Étienne, ont une adolescente de dix-sept ans, Maggie. Nina m'a expliqué qu'ils avaient toujours pris soin de ne pas trop gâter Maggie sur le plan matériel. En revanche, ils ont commis l'erreur de trop encourager son autonomie, parce qu'ils estimaient important qu'elle sache se débrouiller seule dans le monde des adultes. « Nous lui demandions souvent son avis, car son jugement est sûr, mais, en l'encourageant à se comporter en adulte, nous l'empêchions d'être elle-même. Elle voulait absolument être comme nous et nous avions tendance à laisser faire, mais cette qualité lui nuit aujourd'hui lorsqu'elle a besoin d'aide. Par exemple, l'an dernier, elle avait des difficultés en maths. Au lieu de nous en parler, elle a voulu se débrouiller seule et elle a porté son fardeau longtemps avant de nous demander de l'aide. La situation, à ce moment-là, s'était aggravée. Il faut qu'elle comprenne que nous sommes là pour l'aider. »

Un excès d'attention peut avoir des conséquences que ni les parents ni l'enfant unique ne peuvent prévoir. En revanche, ils peuvent apprendre à l'éviter.

Ne sacrifiez pas votre vie

Jeanne est la mère d'Armand, cinq ans. Pendant les trois premières années de la vie de son fils, Jeanne était réalisatrice de télévision. Puis elle a décidé d'abandonner son emploi exigeant pour se consacrer à son mari et à son fils. « Je ne voyais pas Armand grandir. J'ai voulu changer de métier afin d'avoir un horaire plus souple. »

Malheureusement, Jeanne s'est tellement identifiée à Armand que son affection maternelle a failli l'engloutir. « Pendant des mois, nous avons pensé qu'il fallait que quelqu'un s'occupe constamment de lui. J'ai fini par comprendre que j'étais en train de me sacrifier complètement. J'avais cessé de fréquenter le gymnase, je commençais à me sentir frustrée et épuisée. L'hiver dernier, Armand s'est mis à faire des caprices et est devenu insupportable. J'ai paniqué et j'ai décidé de consulter un psychologue. J'ai compris qu'il me fallait garder du temps pour moi-même et j'ai demandé à mon mari de participer davantage à l'éducation de notre fils. Aujourd'hui, je médite durant une demi-heure tous les soirs et je ne me sens plus coupable d'exiger d'Armand qu'il aille jouer tout seul dans sa chambre. Du coup, il passe de longs moments à s'inventer des histoires avec ses jouets et il se sent mieux dans sa peau. Il est beaucoup plus indépendant. Hier soir, il est sorti de la baignoire et s'est essuyé tout seul, avant même que j'arrive pour l'aider. Sur le moment, j'en ai ressenti un petit pincement au cœur, mais ensuite j'ai été fière de voir qu'il était capable de se débrouiller.»

Peu à peu, Jeanne apprend la différence entre une présence raisonnable et un excès d'attention.

Certains des enfants uniques qui ont joui de l'attention totale de leurs parents reconnaissent une fois adultes qu'elle a stimulé leur amour-propre et leur sentiment de sécurité. Mais d'autres estiment au contraire que cet excès porte en lui les germes de conséquences désastreuses.

Françoise, auteur de livres pour adolescents, est enfant unique et mère d'un enfant unique. En apparence, elle a eu une enfance de rêve. Compréhensifs, ses parents l'adoraient. Ils évitaient de la combler de jouets, mais ils avaient tendance à négliger la discipline. La mère de Françoise était toujours disponible et faisait plus pour son enfant qu'elle aurait pu le faire si elle en avait eu deux ou trois.

«Ma mère savait dire non, explique Françoise. Toutefois, je me rappelle avoir échappé souvent à des punitions. Ma mère m'interdisait de sortir jouer avec mes amis, mais je profitais de son inattention pour m'éclipser. J'étais rarement punie ensuite. Il y a quelques années, ma mère m'a révélé que si je lui demandais de me conduire quelque part, elle abandonnait tout ce qu'elle était en train de faire. Naturellement, à l'époque, je ne me rendais pas compte de tout cela. Elle se montrait toujours de bonne humeur et il ne me venait pas à l'idée que j'étais trop gâtée. Mon père l'avait pourtant prévenue du danger. Mais pour moi, la plus grosse gâterie, c'était l'attention de mes parents. Ils m'écoutaient toujours, comme si je n'avais que des histoires palpitantes à raconter. Bien sûr, cela m'a aidée à me sentir bien dans ma peau. Mais il y avait un prix à payer. Adulte, il m'a fallu apprendre que je n'étais pas la huitième merveille du monde.»

Affirmez vos droits

Hélène et Robert ne croyaient pas avoir d'enfant. Aussi, lorsque le petit Marc est apparu, ce fut un choc, mais ils sont vite tombés sous le charme de l'enfant, à un point tel qu'ils étaient incapables de lui refuser quoi que ce soit. Par exemple, Marc continue de dormir avec eux. Il a aujourd'hui trois ans et ses parents ne désirent rien tant qu'une bonne nuit de sommeil et un peu d'intimité, mais ils ne savent comment s'y prendre. En outre, lorsque Hélène veut apaiser Marc, elle lui donne le sein. Par conséquent, Marc obtient toujours ce qu'il veut pendant que ses parents vivent dans les cris, les pleurs et les grincements de dents.

Le plus ironique, c'est que les enfants comme Marc sont plus malheureux lorsqu'ils obtiennent ce qu'ils désirent que lorsqu'ils ne l'obtiennent pas. Wendy Mogel écrit dans *La Bénédiction d'un genou pelé*: «La démocratie ne convient ni aux chiens ni aux enfants, car elle accroît leur anxiété. Mais, étant donné qu'un enfant est généralement capable d'argumenter sans fin, les parents ne comprennent pas qu'il n'est pas équipé pour remporter le débat. L'enfant ne possède pas la maturité nécessaire pour décider de ce qu'il doit ou ne doit pas regarder à la télévision, pour surveiller son langage, pour apprendre tout seul les bonnes manières. Il est donc important de lui montrer, dès son plus jeune âge, qui commande à la maison et de le lui rappeler régulièrement.»

Alors, que faire d'un enfant de trois ans qui refuse de dormir dans son lit ? Si l'habitude est bien ancrée, la solution ne sera pas simple. Vous devrez faire preuve de fermeté et de patience, car l'issue du problème est cruciale pour votre santé mentale et physique. Voici ce que Cynthia Whitham et moi vous conseillons :

- Expliquez-lui qu'il est un grand garçon et qu'il doit désormais dormir dans son lit.
- Évitez de le stimuler avant l'heure du coucher. Éteignez le téléviseur et suivez une routine bien établie : repas, bain, lit. Prenez toujours le temps de lui lire une histoire. Cynthia Whitham suggère de mettre l'enfant au lit, de lui faire la lecture, de l'embrasser et de lui dire que vous reviendrez dans un moment pour voir s'il dort. Si, au bout de quelques minutes, il est encore éveillé ou s'il pleure, dites-lui que vous reviendrez un peu plus tard, mais seulement s'il se calme.
- S'il réclame un verre d'eau ou une autre histoire, ignorez-le. Une fois qu'il s'est calmé, retournez l'embrasser. Félicitez-le de s'endormir dans son lit. Faites-lui remarquer que ses héros ne dorment pas avec leurs parents. Sortez de la pièce, puis revenez dix minutes plus tard.
- S'il se lève, renvoyez-le dans son lit, même s'il pique une crise. S'il se relève, recommencez jusqu'à ce qu'il comprenne la situation. Chaque fois que vous le remettez au lit, dites-lui : « Et maintenant, au lit. » Ne modifiez pas le scénario. Restez sur vos positions.

Vous êtes les plus forts. Vous pouvez remporter la guerre d'usure. Achetez des bouchons pour les oreilles, au besoin. Vous gagnerez et votre récompense sera une soirée dans l'intimité avec votre conjoint et une bonne nuit de sommeil.

Ne devenez pas esclave

L'heure du coucher était un rituel prisé dans notre famille, mais à notre insu nous sommes tombés dans le piège de l'excès d'attention. Notre fille a toujours dormi dans son lit, mais nous avions omis de limiter le nombre d'histoires que nous lui lisions le soir. Il s'agissait d'un moment privilégié tant pour nous que pour elle, qui se blottissait contre nous pour écouter le récit des aventures de Babar ou de la Belle au bois dormant. Peu à peu, d'une histoire nous sommes passés à deux, puis à trois, quatre. À la troisième histoire, nous tombions de sommeil et notre fille faisait semblant de dormir, mais, alors que nous nous glissions silencieusement hors de la chambre, elle nous réclamait une autre histoire. Comme de bonnes poires, nous poursuivions la lecture. Résultat : nous avons fini par détester l'heure du coucher. Finalement, nous avons tout compris : nous étions devenus les esclaves de notre gamine de cinq ans. Il était temps de reprendre le dessus ! Nous lui avons expliqué que nous nous limiterions désormais à deux histoires. La première semaine a été pénible pour tout le monde. Je me morfondais de ne plus sentir ma fille blottie contre moi, je songeais avec nostalgie au plaisir de lui embrasser le front tout en lissant ses cheveux. Et puis elle a commencé à se plaindre : « Je n'arrive pas à dormir. Il me faut une autre histoire. » Elle rallumait sa lampe de chevet et se glissait hors du lit pour nous rejoindre. Nous la renvoyions dans sa chambre : « Plus d'histoires. C'est terminé. Tu en as eu deux. Ça suffit. » Le scénario s'est répété pendant des semaines, mais nous n'avons pas cédé. Nous étions des pécheurs repentis.

Charlotte et Daniel aimeraient bien se repentir, mais ne savent pas comment faire. Leur petite Geneviève, six ans, se dit incapable de passer toute la nuit seule dans sa chambre. Plus d'une fois, les parents ont commis l'erreur de laisser Geneviève s'endormir avec eux dans leur lit. Ils la transportent ensuite dans sa chambre, mais elle se réveille au bout de quelques heures et réintègre le lit parental. À vrai dire, ce couple est victime d'une fillette manipulatrice. Charlotte sait bien que deux adultes intelligents ne devraient pas être réduits en esclavage par une gamine de six ans, mais ils sont incapables de se faire respecter.

Charlotte et Daniel savent que leur fille souffre d'un excès d'attention, mais ils ont peur de prendre les mesures nécessaires pour modifier son comportement. Il est possible que Charlotte et Daniel aient tous deux très peur de la solitude et qu'ils ne supportent pas l'idée de savoir leur enfant seule dans sa chambre. Évidemment, la solitude a mauvaise presse à notre époque. Nous ne voulons ni manger seuls, ni voyager seuls, ni sortir seuls. Et encore moins vieillir seuls. Mais pourtant la solitude nous permet de découvrir notre véritable personnalité.

Découvrez la valeur de la solitude

La vie des adultes déborde d'activités. Nous ne sommes pratiquement jamais seuls. C'est pourquoi nous jugeons parfaitement normal de surcharger la vie de notre enfant : danse, musique, théâtre, football, hockey, soccer, scouts, etc. L'emploi du temps de certains enfants est si lourd qu'ils n'ont pas une minute à eux. Pour couronner le tout, les parents d'un enfant unique éprouvent encore plus que les autres le besoin de l'engager dans un tourbillon d'activités, car ils craignent qu'il ne s'ennuie ou ne souffre — horreur ! — de la solitude, ce qui en ferait certainement un paria.

Dans mon enfance, peu d'enfants allaient à la maternelle. Nous passions nos temps libres à jouer dans la rue avec les enfants du voisinage. S'il n'y avait personne, nous jouions tout seuls. Nous laissions notre imagination nous emporter dans un univers où tous les rêves étaient permis. Un jour j'étais institutrice et je faisais la classe à mes poupées. Le lendemain j'étais la danseuse étoile au ballet. Le surlendemain je m'étais métamorphosée en Cendrillon ou en Blanche-Neige. Les possibilités étaient infinies parce que je ne passais pas mon temps à courir d'une activité à l'autre. Certes, je me suis ennuyée quelque-fois, mais c'était justement à ce moment-là que mon imagination s'en-volait.

Presque tous les adultes qui ont été des enfants uniques disent que les moments de solitude sont parmi les plus beaux souvenirs de leur enfance. Un brin de solitude est aussi salutaire aux enfants qu'aux adultes. Lorsque Henry David Thoreau s'est retiré au fond des bois, son existence est devenue toute simple. Le silence lui a permis de réfléchir et d'écrire. Sa conception d'une existence paisible nous influence encore. Si Thoreau ressentait déjà au XIXe siècle le besoin d'échapper à la foule et au bruit, qu'en est-il donc aujourd'hui? Nous devrions sim-plifier la vie de nos enfants afin de leur permettre de réfléchir et de se retrouver souvent face à eux-mêmes.

Pour le poète E. E. Cummings, le progrès était une «maladie con-fortable». En Amérique du Nord, nous sommes émerveillés par toutes les nouveautés. D'un objet à l'autre, d'une mode à l'autre, nous cher-chons sans relâche à stimuler notre intérêt. Malheureusement, cette quête incessante nous épuise. Contrairement à d'autres cultures pour lesquelles la relaxation est enchâssée naturellement dans la vie quo-tidienne, nous sommes contraints de créer consciemment des occa-sions de nous décontracter. Voilà pourquoi nos enfants doivent partir à la recherche du temps perdu.

Ils ont besoin de cette solitude qui a bien des points communs avec de la pâte à modeler. On peut la tordre, l'étirer et la façonner à son gré. Elle permet de repousser les limites de l'imagination. Benoît, qui vient de terminer ses études universitaires, reconnaît avoir apprécié ses moments de solitude. Il aimait lire et se souvient d'avoir été heureux, seul dans son coin avec son livre. Petit, il jouait dans sa chambre avec ses robots ou inventait des sagas dont ses jouets étaient les héros.

L'acteur Al Pacino aimait jouer seul dans sa chambre lorsqu'il était enfant, parce que cela lui permettait d'imiter les acteurs qu'il admirait, sans qu'on se moque de lui. Ma fille passait des jours entiers à jouer avec sa maison de poupée et à inventer des feuilletons. De temps à autre, je jetais un coup d'œil dans sa chambre afin de l'écouter. Elle était réalisatrice, metteur en scène et actrice. Sa concentration était telle que je ne me souviens pas de l'avoir entendue dire qu'elle s'ennuyait. Elle adorait vivre ses histoires fantasmagoriques dans la sécurité de son foyer.

Nous avons tort de penser que nous rendons service à un enfant unique en l'engageant dans toutes les activités possibles et imaginables. Au contraire, nous devrions trouver un équilibre entre les rapports sociaux, les cours stimulants et les moments de solitude passés à lire, à peindre, à dessiner ou à converser avec un compagnon imaginaire. Ce n'est pas en ensevelissant nos enfants sous les biens matériels ni en alourdissant leur emploi du temps que nous leur enseignerons la patience d'attendre pour obtenir ce qu'ils désirent. Si votre enfant apprend que les privilèges se gagnent et que les moments de solitude en feront un être heureux et équilibré, votre vie familiale y gagnera en harmonie.

Notre culture est si obsédée par le succès qu'il nous est difficile d'admettre que, pour apprendre, il faut commettre des erreurs. Pourtant, mes échecs m'ont appris plus de choses que mes succès. Ce que nos enfants désirent n'est pas toujours ce dont ils ont réellement besoin. Même chose pour nous. Nous souhaitons protéger les enfants de la déception, mais est-ce salutaire? Nous voulons qu'ils conservent leur innocence le plus longtemps possible, mais il nous incombe aussi de leur faire connaître le monde avec tous ses défauts. Nous sommes leurs enseignants et leurs modèles. Si nous sommes incapables de leur fixer des limites, ils ne pourront pas le faire eux-mêmes. Si nous craignons de les laisser partir, ils s'accrocheront à nous et auront du mal à forger leur identité.

Comment éviter de trop donner

Voici quelques conseils à cet égard :

- N'essayez pas de donner à votre enfant unique tout ce que vous n'avez pas eu dans votre enfance. Il ne se rend pas compte de ce qu'il n'a pas.
- Choisissez vos valeurs familiales dès la naissance de l'enfant et intégrez-les à votre vie quotidienne.
- Fixez des limites à l'enfant à mesure qu'il grandit. Alliez fermeté et souplesse.
- Permettez à l'enfant de faire des erreurs. Laissez-le tirer les leçons de celles-ci, dans la mesure où elles ne le mettent pas en danger.
- Songez à votre propre bien-être. Accordez-vous du temps. Votre enfant vous respectera davantage.
- Apprenez à dire non et à tenir bon. Ne laissez pas un être de quatre ans vous mener par le bout du nez.
- Enseignez à votre enfant la valeur de l'argent en l'encourageant à travailler, par exemple en lui confiant des tâches ménagères.
- Dès que l'enfant est assez grand, trouvez-lui un petit emploi. Lorsqu'il aura calculé le nombre d'heures de travail nécessaires pour se payer le dernier gadget à la mode, il réfléchira avant de gaspiller son argent. Et il respectera davantage votre rôle de parent.

TEST D'AUTOÉVALUATION
Donnez-vous trop à votre enfant ?

- Faites-vous pour votre enfant des choses qu'il pourrait faire lui-même ?

- À vos yeux, votre enfant exige-t-il trop de biens matériels ou d'attention ?
- Les besoins matériels et affectifs de votre enfant ont-ils éclipsé les vôtres ?
- Votre enfant est-il incapable de comprendre le mot «non» ?
- Craignez-vous qu'il ne cesse de vous aimer si vous lui refusez ce qu'il désire ?
- Avez-vous du mal à fixer des limites à votre enfant parce que vous ne supportez pas l'idée de le savoir malheureux ?

Si vous répondez par l'affirmative à l'une de ces questions, vous donnez probablement trop. L'enfant qui sait pouvoir obtenir ce qu'il veut, quand il le veut, risque de perdre contact avec la réalité. Sa vie sociale et affective en souffrira. Ce sont les enfants qui ont tout (ou croient pouvoir tout avoir) qui ont ensuite du mal à partager et qui vivent dans une anxiété perpétuelle. Celui à qui l'on ne refuse rien à la maison ne comprendra pas pourquoi son institutrice lui dit non. Un enfant qui dépend des autres pour aller de l'avant n'apprendra jamais à se débrouiller seul. Un enfant trop gâté ne voit pas ce qu'il possède déjà, mais plutôt ce qu'il ne possède pas encore.

La romancière américaine Pearl Buck a déclaré un jour que seuls les gens courageux devraient devenir enseignants. Les parents aussi doivent faire preuve de courage pour éviter de trop donner à leur enfant unique et pour résister à l'envie de les couver. C'est d'ailleurs le thème des pages qui suivent.

CHAPITRE DEUX

L'ENFANT SURPROTÉGÉ

J'ai vingt-cinq ans, je suis fils unique et je viens de terminer mes études universitaires parce que j'ai perdu deux ans en cours de route. C'est que mes parents m'ont tellement couvé que j'avais l'impression d'être leur prisonnier. Ils voulaient connaître toutes mes fréquentations, savoir tout ce que je faisais et où j'allais. Ils ne m'ont même pas autorisé à passer le permis de conduire tant que je vivais à la maison. Ma première année à l'université a été catastrophique. Soudain, j'étais libre, mais je ne savais que faire de cette liberté. Je n'ai pas étudié du tout. J'ai passé mon temps à faire la fête, au point que l'université m'a placé en période de probation durant deux ans. Un soir, je suis allé à une réunion d'étudiants et j'ai tellement bu que je me suis retrouvé à l'hôpital. Vu que mes parents ne m'avaient jamais laissé prendre des décisions, j'étais incapable de résister aux pressions de mes amis et d'utiliser mon libre arbitre. Je me trouvais dans de sales draps.

Au paradis terrestre, Adam et Ève vivaient dans une bulle. Le climat était si doux qu'ils n'avaient pas besoin de vêtements. Vivant en harmonie avec la nature et avec Dieu, ils ne pouvaient connaître ni l'échec ni la mort, mais pas davantage l'excitation du succès. Ils étaient libres de faire ce qu'ils voulaient, quand ils le voulaient, sauf goûter aux fruits de l'arbre de la science du Bien et du Mal.

La vie au paradis terrestre était certes paisible, mais d'un ennui incommensurable. Jusqu'au jour où le serpent est apparu pour tenter Ève, qui lui a cédé. Pourquoi? Tout simplement parce que la malheureuse s'ennuyait à mourir! Le serpent l'avait séduite, sans doute, mais elle ne demandait que cela. Elle a ensuite persuadé son compagnon de mordre lui aussi dans le fruit défendu. Il est probable qu'Adam s'ennuyait tout autant et qu'il n'a pas été difficile à convaincre. Tous deux en avaient assez d'être couvés et désiraient prendre leur envol. Quelle leçon doit-on tirer de cette histoire? Que les jeunes doivent connaître la douleur tout autant que la joie pour grandir et devenir des adultes. Dès la naissance de notre enfant, nous ne pensons plus qu'à sa sécurité. Il dépend entièrement de nous et nous sommes ses anges gardiens, nuit et jour. Mais au fur et à mesure qu'il grandit et apprend les leçons de la vie, nous devons lui ouvrir les portes, de plus en plus grandes, jusqu'au jour où il sera capable de vivre en toute autonomie.

Pourquoi avons-nous tendance à surprotéger l'enfant unique?

Nous vivons dans un monde pollué par la peur. Les journaux télévisés nous bombardent de nouvelles désolantes, et des émissions relatent en permanence toutes sortes d'événements perturbants: acte de terrorisme, guerres, annonces de dangers appréhendés, récession, désastres écologiques, cancers, épidémies, etc., sans mentionner les peurs causées par des événements survenant dans notre propre communauté et voisinage. Les parents sont particulièrement sensibles à ces peurs.

D'après le ministère de la Justice des États-Unis, le taux de criminalité indique que le nombre de délits violents baisse régulièrement depuis 1994! Pourtant, les ondes débordent d'histoires d'horreur sur les prédateurs d'Internet, les enfants maltraités ou les toxicomanes. Rien d'étonnant à ce que nous apprenions à nos enfants à se défendre si l'on essaie de les enlever ou à ne pas répondre aux étrangers. De fait, nous aimerions les avoir constamment sous les yeux, mais nous devons comprendre qu'il est impossible de les cloîtrer. Et, même si c'était possible, quels genres d'adultes en ferions-nous?

Il est sûr que tous les parents, à un moment ou à un autre, constatent qu'ils tentent trop fort d'orienter le destin de leur enfant. Chez les parents d'un enfant unique, ce péché est aggravé par une situation particulière: leurs liens avec leur enfant sont si étroits qu'ils ont l'impression d'être concernés par tous les aspects de sa vie. Par conséquent, ils commettent l'erreur de couver cet enfant. Pour ce dernier, cela devient parfois un véritable handicap, qui l'empêche de se développer normalement, d'acquérir des expériences, de commettre des erreurs et d'en tirer des leçons, de jouir de la liberté d'apprendre à vivre.

Au lieu de couver l'enfant unique, les parents devraient lui transmettre les valeurs qui l'aideront à prendre des décisions sensées, les outils pour évaluer les choses avec logique, la confiance dont il aura besoin pour se débrouiller seul un jour. Mais pour que notre enfant puisse juger s'il prend ou non de bonnes décisions, il doit d'abord en prendre de mauvaises. Voilà qui est particulièrement douloureux pour les parents d'un enfant unique, qui ont tant mis dans un seul être.

Des parents effrayés font des enfants effrayés qui craignent de laisser libre cours à leurs passions. Je me souviens d'avoir passé des nuits blanches à songer à tout ce qui pourrait arriver à ma fille dès que j'aurais le dos tourné. Je ne pouvais m'imaginer vivre sans elle, mais un jour j'ai dû brutalement m'éveiller à cette éventualité.

Lorsque nous n'y pouvons rien

En 1994, à quatre heures du matin, un puissant séisme a frappé Los Angeles. Notre fille avait alors treize ans. Nous nous sommes réfugiés tous les trois dans la partie la plus solide de la maison, alors que la ville se lézardait. Les secousses, l'obscurité et le fracas étaient terrifiants, mais le plus horrible était de savoir que nous ne pouvions rien faire de plus pour protéger notre enfant. Heureusement, nous avons eu de la chance, mais pendant ces instants terribles j'ai compris que la protection que nous offrions à Alexis était limitée. Elle fréquentait une excellente école, nous connaissions ses amies et leurs parents, nous avions fixé des limites à l'intérieur desquelles elle se sentait en sécurité dans des circonstances normales. Mais lorsque les forces de la nature se déchaînent, nous n'y pouvons rien.

Ce matin-là, j'ai compris qu'il me fallait lâcher du lest. Je devais accepter l'inacceptable : tout pouvait arriver à notre fille. Aujourd'hui encore je suis inquiète lorsque je sais qu'elle roule sur l'autoroute. Je l'imagine seule durant un tremblement de terre. Lorsque ces pensées se manifestent, j'admets leur existence, mais j'essaie aussitôt d'adopter des idées positives. Je réfléchis à tout ce qu'elle fait dans la vie, au chemin parcouru depuis ce matin de 1994, et j'espère que le destin sera clément à son égard.

Naturellement, tous les parents suivent de près le cheminement de leurs enfants, mais ceux qui n'en ont qu'un le surprotègent souvent, surtout s'il a été difficile à concevoir, à mettre au monde ou à adopter. En revanche, ceux qui ont plusieurs enfants ont la plupart du temps une multitude d'autres soucis. Prenons comme exemple Josée, qui a trois garçons. Lorsqu'elle les emmène au jardin public, elle sait que Julien, neuf ans, l'aîné et le plus téméraire, essaiera de se lancer du haut des barres parallèles. Il s'est déjà fracturé une jambe en ski et il a tendance à donner le mauvais exemple à ses frères, Christophe, cinq ans, et Samuel, trois ans. Malheureusement, Josée ne peut se trouver partout à la fois pour les surveiller sans cesse tous les trois. Elle a compris qu'elle peut seulement faire de son mieux. Elle sait que Julien lui en fera voir de toutes les couleurs, mais elle est résignée. Elle n'a que deux yeux et son énergie n'est pas illimitée. En outre, elle sait que son expérience avec l'aîné lui sera utile pour mieux élever les deux autres. Elle se fera certainement moins de souci pour eux qu'elle s'en fait pour Julien.

L'une de mes amies, Tamara, a deux enfants. Lorsque ma fille avait huit mois, la fille de Tamara, Thérèse, avait un an, et son fils, trois ans. Thérèse et Alexis ont commencé à marcher à peu près en même temps. Le jour où Thérèse est tombée et s'est heurté la tête, Tamara a à peine réagi. Quant à moi, j'ai paniqué quand ma fille a trébuché. Par la suite, j'essayais toujours de l'attraper avant qu'elle tombe, alors que Tamara n'intervenait que si sa fille était sur le point de fracasser une vitre. Je lui ai demandé comment elle faisait pour être si sereine. «Oh, je suis déjà passée par là, a-t-elle répondu en riant, et je sais qu'une petite chute de rien du tout ne causera qu'un bleu. Bientôt, elle se tiendra plus solidement sur ses jambes.»

Les parents qui ont plusieurs enfants tirent des leçons de l'expérience. Après la première ecchymose, les autres ne paraissent plus aussi dramatiques. Ces parents savent bien que les blessures guérissent avec le temps, mais, lorsqu'on n'a qu'un enfant, on dirait qu'on ignore ces choses.

Les parents d'un enfant unique se focalisent entièrement sur lui. Pour eux, il faut absolument que tout aille bien. L'incident le plus banal leur semble tragique, car ils manquent de recul.

La vie ou la peur

Les parents constatent rapidement qu'avec un enfant il faut s'attendre à tout. Confortablement blotti sur les genoux de sa mère, il réussit un

instant plus tard à grimper sur le comptoir de la cuisine pour s'appro-
cher de la jarre à biscuits. Il marche tranquillement en vous tenant la
main, l'instant d'après il vous échappe pour traverser la rue. Tous vos
sens sont en alerte, vos instincts sont éveillés et vous vous angoissez
pour tout : «Pourquoi n'ai-je pas été plus vigilante? S'il avait réussi à
ouvrir la porte du placard et qu'il avait reçu toute la vaisselle sur la
tête? Si une voiture avait surgi au moment où il traversait la rue?»

Au fur et à mesure que les enfants grandissent, les parents sensés
leur offrent la possibilité d'explorer le monde. Un bambin de deux ans
peut très bien quitter la cuisine où vous le surveillez pour aller jouer dans
sa chambre. Cela ne vous empêche pas d'aller vérifier souvent que tout
va bien. En laissant votre enfant prendre un peu le large, vous lui permettez d'acquérir une certaine indépendance et de se débrouiller seul.

Dans son livre *L'Intelligence émotionnelle*, Daniel Goleman décrit
les recherches de Jerome Kagan, psychologue de Harvard, qui a passé
des années à étudier le comportement des jeunes enfants. Dans une
des études, les mères d'un groupe s'efforçaient de protéger des enfants
timorés de tout ce qui risquait de les importuner, tandis que celles d'un
autre groupe aidaient les enfants à résoudre les problèmes plutôt qu'à
les éviter. «La protection semble avoir favorisé la timidité et ces enfants
n'ont pas appris à surmonter leurs craintes. En revanche, les enfants
qu'on a poussés ont acquis de l'assurance.»

Kagan a constaté autre chose : les parents qui ne se précipitent
pas constamment à la rescousse de leur bambin lui apprennent à
accepter les déceptions ou les frustrations. Par contre, les parents qui
couvent l'enfant pour atténuer son anxiété obtiennent le résultat
inverse. «Les enfants timorés n'ont jamais appris à envisager avec
calme une situation nouvelle, donc ils ne maîtrisent pas leur peur.»

Pour les parents d'un enfant unique, la leçon est claire : il faut protéger l'enfant, certes, mais sans le couver exagérément. Ainsi, l'enfant
apprendra peu à peu à se débrouiller seul. Mais si vous ne résistez pas

à l'envie de lui éviter tous les obstacles, vous risquez de le rendre craintif et anxieux.

Assurément, tous les parents s'inquiètent du bien-être de leurs enfants. Mais ceux qui n'en ont qu'un sont souvent incapables de distinguer le danger véritable du danger imaginaire. Tout se passe comme s'ils envisageaient toujours le pire, car ils craignent ce qu'ils ne connaissent pas. La vie est jonchée de périls, mais il ne faut pas pour autant étouffer son enfant. En fait, tous les enfants méritent qu'on les laisse vivre des expériences personnelles afin qu'ils apprennent à se débrouiller dans la vie et qu'ils connaissent leurs possibilités et leurs limites.

Apprendre à lâcher du lest

J'ai grandi dans une petite ville de la côte est des États-Unis où la vie était relativement paisible. À l'âge de huit ou neuf ans, je pouvais quitter la maison les matins d'été pour ne rentrer qu'à la tombée du jour. Avec mes amies, je me promenais toute la journée en vélo. Nous allions cueillir des petits fruits dans les champs, nous rencontrions nos camarades sur la rue principale pour boire un coca-cola, nous faisions des pique-niques parmi les stèles effritées d'un cimetière lugubre où reposaient des soldats morts pendant la guerre d'Indépendance. Nous jouions à nous faire peur, nous ne pensions pas à téléphoner aux parents, et pendant quelques heures nous nous prenions pour des «grandes personnes». C'était une époque idyllique qui, j'en ai bien peur, est aujourd'hui révolue. Ces heures passées loin de mes parents m'ont appris que j'étais capable de me débrouiller seule.

Mon époux et ses trois frères et sœurs ont grandi dans le désert, à l'est de Los Angeles, où l'on entraînait les cosmonautes. La plupart des familles étaient dans l'armée, travaillaient pour la Défense nationale ou le programme spatial. La maison familiale, au sommet d'une colline, surplombait la base aérienne Edwards où les avions supersoniques étaient mis à l'essai. De temps à autre, un prototype s'écrasait. Le lendemain, lorsque les enfants arrivaient à l'école, ils apprenaient que le père de l'un d'entre eux avait péri. Pourtant, mes beaux-parents n'ont jamais couvé leurs enfants, ni essayé de les dissuader de devenir des pilotes d'essai. Au contraire, les jeunes jouaient dans le désert et couraient constamment des risques. Ils s'amusaient à observer les serpents à sonnette, ils montaient à cheval sans selle et cherchaient l'aventure là où la plupart des adultes auraient empêché leurs enfants de mettre le bout du nez. Et pourtant, ils ont survécu.

Aujourd'hui, le monde s'est affadi et est devenu anonyme. Parfois, nous ne connaissons même pas nos voisins. La vigilance est donc de rigueur. Mais pour élever un enfant équilibré, il faut connaître la différence entre une supervision intelligente et une surprotection dangereuse.

Je vis dans une grande ville, mais je connais mon quartier et beaucoup des familles qui y habitent. Depuis que ma fille est née, nous vivons au même endroit. Pourtant, jusqu'à ce qu'elle ait une quinzaine d'années, j'ai toujours eu un pincement au cœur en la voyant quitter la maison pour rendre visite à une amie ou aller jouer dehors. L'école se trouvait à une dizaine de rues de chez nous et, bien que beaucoup d'enfants du quartier s'y soient rendus à vélo, nous ne la laissions pas y aller seule, car la circulation nous inquiétait. Rétrospectivement, je me rends compte que je sous-estimais ses capacités et son intelligence. Par exemple, elle était parfaitement consciente des règles de sécurité et n'allait jamais à vélo sans porter son casque. De fait, je me comportais comme un parent irrationnel.

Allan et Judy Miller vivent à Battery Park, à Manhattan. Avec leur fils unique, Nathan, ils ont vécu en direct les attentats du 11 septembre 2001. L'école de Nathan a été évacuée, mais, heureusement, Judy travaillait tout près et a pu le rejoindre aussitôt. Allan, quant à lui, se trouvait dans leur appartement, mais, comme toutes les liaisons téléphoniques avaient été coupées, il n'a pu joindre sa famille avant plusieurs heures. Judy et son fils se trouvaient dans la foule et couraient vers le nord pour échapper à l'horreur. Heureusement, Allan a retrouvé les siens en fin de journée. Tous trois étaient traumatisés, mais indemnes. Ils ont ensuite passé quelques mois à l'hôtel.

Désormais, Judy conduit Nathan à l'école en auto au lieu de prendre le métro, comme autrefois. Elle craint que la station Wall Street ne soit une cible des terroristes. Compte tenu de ce que la famille a vécu, leurs craintes ne sont pas dénuées de fondement. Tous trois sont de retour dans leur appartement et la vie a repris son cours. Nathan, onze ans, réclame un peu plus de liberté et ses parents s'efforcent de lui lâcher la bride. Pendant la journée, il a le droit de revenir seul de la maison d'un ami, quand le trajet est court et sûr. Un nouveau terrain de football doit être aménagé près de chez lui et Nathan veut savoir s'il pourra y aller seul. Allan et Judy y réfléchissent. Ces parents ont trouvé le moyen de calmer leurs craintes sans écraser l'enfant de frayeurs imaginaires. Cela n'a pas été facile, mais ils y sont parvenus. Nathan a lui aussi traversé des moments difficiles et ses parents espèrent que le reste de son enfance se déroulera aussi normalement que possible.

Trop, c'est trop

Certains parents ne résistent pas au désir de surprotéger leur enfant unique, même une fois que celui-ci est devenu adulte. Ils sont incapables de distinguer la réalité de l'imaginaire. Katia, par exemple, est une enfant unique aujourd'hui âgée de trente ans, qui a été élevée par une mère poule. «Lorsque je suis partie pour l'université, ma mère me rendait folle: elle me téléphonait toutes les cinq minutes. Mes colocataires n'en pouvaient plus. Elle voulait savoir si je prenais mes vitamines, si j'avais entendu parler d'un violeur qui sévissait dans l'État voisin. Elle me demandait où je me trouvais et ce que je faisais à chaque instant du jour et de la nuit. Elle m'a même obligée à lui envoyer mon emploi du temps. Mes amies me suggéraient en plaisantant d'aller voir un avocat pour obtenir une injonction, afin qu'elle cesse de nous importuner.» Lorsque Katia a terminé ses études, sa mère a essayé de la persuader de chercher un emploi à Chicago, près de chez elle, plutôt qu'à New York. Mais Katia a tenu bon. Toutefois, les appels téléphoniques n'ont pas cessé.

L'amour nous fait agir bizarrement, car, parfois, nous aimons trop. Katia a finalement déclaré à sa mère son intention de changer de numéro de téléphone si celle-ci ne cessait pas de la harceler.

La force de caractère

Un enfant surprotégé n'acquerra pas la force de caractère nécessaire pour faire face à l'adversité et aux crises de la vie. Il n'aura pas de carapace, car il n'aura presque pas connu l'échec ou la déception. Son expérience sera insuffisante.

Les parents ont parfois tendance à essayer d'éviter à leur enfant unique les déceptions et les luttes, mais un enfant élevé par des parents anxieux deviendra trop timoré pour courir les risques nécessaires à l'équilibre et au bien-être. Par contre, un bébé qui se réveille plusieurs fois par nuit, alors qu'il est repu, en bonne santé et au sec, finira par comprendre qu'il est capable de rester seul quelques heures si ses parents refusent d'accourir dès qu'il se manifeste.

Joseph est un enfant unique de vingt-sept ans. Ses parents ont quitté Israël pour les États-Unis lorsqu'il était tout jeune. Une bonne partie de la famille est restée là-bas. Le père de Joseph, qui se sentait isolé aux États-Unis, a surprotégé son fils et l'a ainsi empêché de commettre les erreurs importantes qui forgent l'identité. Joseph a fréquenté des écoles privées et ses parents misaient beaucoup sur lui. Mais il était prisonnier du cercle étroit dans lequel ses parents l'avaient enfermé. Contrairement à la plupart de ses camarades, Joseph n'a jamais eu le droit de prendre un emploi d'été, parce que son père estimait que tout ce qu'on lui proposerait serait indigne de lui.

«Mon père était le père de famille juif typique, explique Joseph, alors que ma mère faisait son possible pour me transmettre sa force de caractère. Les conflits étaient fréquents. Je n'ai pas eu le droit de travailler avant d'entrer à l'université, parce que, selon mon père, j'étais destiné à être le futur président des États-Unis. Lui-même est producteur cinématographique. Il a bâti sa situation à force d'acharnement. Il a dû sacrifier beaucoup de choses pour réussir. Je comprends qu'il ne voulait pas me voir souffrir. Soit il faisait tout pour moi, soit il payait des gens pour le faire.»

Joseph a eu l'impression de mener une existence dorée, jusqu'au jour où il a compris que tout cela se retournerait contre lui. «J'ai commencé un jour à me sentir incapable et inutile. J'en ai particulièrement bavé lorsqu'il m'a fallu prendre des décisions importantes, par exemple au sujet de l'université.»

Le père de Joseph a insisté pour que son fils aille à l'université en Californie, à une heure et demie de la maison. Bien que la candidature de Joseph ait été acceptée par plusieurs collèges de l'Est, beaucoup plus réputés, son père a refusé d'acquitter les droits de scolarité, affirmant qu'il avait déjà payé à son fils des études secondaires fort coûteuses. Joseph savait que ce n'était qu'un prétexte pour le retenir à la maison, mais il a fini par trouver une échappatoire : une faculté de droit, en Angleterre, a retenu sa candidature. Joseph a expliqué à ses parents qu'avec un diplôme britannique il aurait le droit d'exercer en Israël, ce qui n'a pas manqué de plaire à ses parents.

«Lorsque je suis arrivé en Angleterre, j'ai enfin connu l'indépendance. Enfin, je pouvais être moi-même. J'ai trouvé mon identité, je me suis autorisé des erreurs, j'ai essayé toutes sortes de choses que je n'aurais jamais osé faire autrefois.»

Joseph s'est ouvert aux autres et s'est fait d'excellents amis.

«Je me suis souvent comporté d'une manière qui aurait pu me desservir, avoue-t-il. Par exemple, j'ai fait l'école buissonnière à plusieurs reprises, j'ai omis de réviser mes notes avant des examens, et ainsi de suite. Mais j'ai fini par décrocher mon diplôme et, pour la première fois, j'ai eu l'impression d'avoir réussi quelque chose par moi-même.»

Démythifiez l'inquiétude

C'est pour protéger leur enfant des vicissitudes de la vie que certains parents le couvent. Mais il serait plus réaliste de commencer par accepter les forces et les faiblesses de l'enfant. Ensuite, il convient de renforcer les premières et d'atténuer les secondes.

Il est évident que, pour un parent, amour et inquiétude vont de pair. Si nous n'aimions pas nos enfants, nous ne nous ferions pas du souci pour eux. Mais si, comme la mère de Katia, vous aimez trop, votre inquiétude vous submergera et fera plus de tort que de bien. Le psychologue Carl Pickhardt distingue l'inquiétude constructive de l'inquiétude destructrice. Selon lui, l'inquiétude constructive est un élément normal de la relation parent-enfant. «En reconnaissant que les jeunes agissent parfois étourdiment, les parents s'efforcent d'expliquer à leur enfant les risques qu'il court par des phrases comme celle-ci: "Parce que nous ne voulons pas te laisser te fourvoyer, nous voulons que tu réfléchisses aux obstacles et aux dangers que tu pourrais rencontrer; ensuite, tu essaieras de voir comment tu devrais réagir si ces problèmes survenaient."» Pickhardt pense que, ainsi, les parents peuvent atténuer leur anxiété tout en donnant confiance à l'enfant, car ils lui permettent de faire face avec enthousiasme aux situations nouvelles et de prendre des décisions éclairées.

L'inquiétude destructrice, en revanche, incite les parents à protéger de façon compulsive l'enfant et à tout régir dans sa vie. Il existe aussi ce que Pickhardt appelle l'«inquiétude en chaîne»: un parent qui s'inquiète des résultats médiocres de l'enfant dans une matière aura tendance à craindre un échec dans toutes les autres. Il est crucial, mais parfois difficile, de trouver un juste équilibre. Ce n'est pas parce que votre fille a une mauvaise note en mathématiques qu'il faut agiter devant elle le spectre de l'échec général. Au contraire, il faut l'encourager, lui faire faire ses leçons, l'aider jusqu'à ce qu'elle réussisse et que son amour-propre reprenne du poil de la bête. Si les mathématiques ne lui conviennent pas, peut-être est-elle douée pour les lettres. Votre fils est incapable de tenir une raquette alors que vous étiez champion de tennis à l'école? Il n'y a aucune raison que cela vous empêche de dormir. Acceptez de bon gré l'idée que votre fils n'ira jamais à Wimbledon et profitez de l'occasion pour l'aider à développer ses autres talents.

Juguler l'inquiétude destructrice est très important pour votre enfant. Vous devez donc apprendre à limiter votre inquiétude au moment présent, à une situation réaliste et non à ce qui risque de se passer dans un futur hypothétique.

Encouragez la recherche et le développement

Pour que nos enfants aient confiance en eux, nous devons commencer très tôt à stimuler leur esprit d'indépendance. Lorsque votre bébé commence à ramper, il se sépare de vous en quittant un espace où il se sentait en sécurité. Laissez-le ramper jusqu'au moment où il se mettra à marcher, mais ne l'incitez pas à marcher trop tôt. Le jour viendra où il se redressera, tout seul, sur ses petites jambes. En revanche, offrez-lui des occasions d'explorer son environnement. Encouragez les relations avec d'autres bambins, même s'il est peu probable qu'ils jouent un jour ensemble. Laissez l'enfant jouer sans interruption dans un milieu stimulant. Dès qu'il sera suffisamment âgé pour comprendre ses limites, expliquez-lui ce que vous attendez de lui.

Encouragez-le à acquérir son indépendance, dans des conditions qui vous paraissent confortables et qui ne l'angoissent pas. Vous éviterez ainsi le piège de la surprotection et vous lui donnerez la possibilité de grandir sainement. Mais auparavant il est important de comprendre pourquoi vous auriez tendance à le couver. Le moment est venu de vous analyser et de vous poser quelques questions:

- Vous a-t-on négligé dans votre enfance? Si oui, auriez-vous tendance à confondre besoin et affection?
- Avez-vous été maltraité dans votre enfance? Si oui, cela pourrait-il vous inciter à couver votre enfant?
- Vous est-il arrivé ou est-il arrivé à votre enfant quelque chose de grave? Cela pourrait-il vous inciter à le surprotéger?
- Si vous êtes enfant unique, vos parents vous ont-ils surprotégé? Si oui, seriez-vous porté à élever votre enfant comme vous avez été élevé?

Une fois que vous comprendrez mieux les forces à l'œuvre en vous, il vous sera plus facile de trouver l'équilibre entre négligence et surprotection.

Donnez à votre enfant autant de liberté et de responsabilités qu'il peut en assumer. Si vous ne vous sentiez pas en sécurité dans votre enfance, il est possible que vous ayez tendance à le surprotéger. Malheureusement, ce comportement indique à l'enfant que vous le jugez incapable de se débrouiller, que vous n'avez pas confiance en lui. En revanche, si l'enfant comprend que vous lui faites confiance, il se fera confiance. Évitez toutefois de lui donner trop de latitude trop tôt. Offrez-lui de nouvelles options au fur et à mesure qu'il grandira.

Certains parents reconnaissent instinctivement les moments où il faut relâcher la surveillance et ceux où, au contraire, il convient de protéger l'enfant. Guillaume et Marie ont un fils de huit ans, Louis. Quand Louis avait cinq ans, la famille est allée en vacances dans une base de plein air. Marie était en train de bavarder avec d'autres parents, pendant que Guillaume surveillait Louis. Soudain, l'enfant a eu l'idée d'escalader un mur d'entraînement de plus de vingt mètres de hauteur. «J'ai levé les yeux, raconte Marie, et je l'ai soudain aperçu, accroché à la paroi. J'ai eu un haut-le-cœur! Je savais qu'il était beaucoup moins timoré que moi et je voyais bien qu'il n'avait aucune difficulté à grimper.

Mon bébé, mon enfant unique se frayait tranquillement un chemin vers le sommet. Je n'ai rien dit. J'étais fière de lui, et de moi aussi.»

L'appel de la liberté

Certains enfants sont surprotégés par nécessité, ce qui rend leur passage à l'âge adulte encore plus difficile. Max Brooks, fils de Mel Brooks et d'Anne Bancroft, a grandi dans les années 1970, alors que les enlèvements d'enfants étaient nombreux. En conséquence, ses parents l'ont élevé dans le coton et il a dû lui-même se mettre à l'épreuve à l'adolescence.

«Je ne pouvais participer aux sorties d'écoliers ni même jouer au ballon dans le parc avec mon père, se souvient-il. Nous mangions souvent au restaurant et des clients venaient demander des autographes à mes parents.»

À l'université, Max était prêt à se débrouiller seul, mais ses parents voulaient continuer de le protéger. «Ma mère n'avait que dix-neuf ans lorsqu'elle est arrivée à Hollywood et beaucoup de gens ont essayé de profiter d'elle. Elle a donc appris à se battre. Mes parents ont tous deux eu une jeunesse difficile et ils ne comprenaient pas pourquoi j'insistais pour connaître moi aussi les vicissitudes de la vie.» Max voulait acquérir son indépendance morale. «Laissez-moi me débrouiller, a-t-il dit à ses parents qui l'adoraient, je connaîtrai des échecs et j'apprendrai à vivre.» Dans cette famille singulièrement unie, c'était la principale source de conflits.

Lorsque Max s'est fait écrivain, ses parents lui ont offert leur villa de Malibu afin de lui éviter de payer un loyer, mais il a préféré s'installer dans un appartement bon marché. Il a refusé leur offre de lui faire obtenir un poste de rédacteur à l'émission *Saturday Night Live*: il ne se sentait pas prêt et l'horaire ne lui convenait pas. Trois ans après, plus confiant, Max a soumis des textes au réalisateur qui, impressionné, a embauché le jeune homme. Quelques années plus tard, Max remportait un prix Emmy.

Max Brooks aimerait avoir des enfants et son but serait d'en faire des adultes autonomes. «Peut-être ai-je tort, mais j'aimerais que mes enfants commettent des erreurs et en tirent des leçons. Je crois qu'il est important de connaître l'échec et de payer les pots cassés.» Selon lui, les enfants sont rarement effrayés par les obstacles. «D'abord, ils ne se rendent pas compte qu'il s'agit d'un obstacle. Ils le voient, certes, mais ils foncent. C'est ce qui leur permettra plus tard de résoudre des problèmes plus graves.»

La confiance en soi

Vous pouvez bâtir la confiance de votre enfant dès son jeune âge, par exemple lorsque vous l'emmenez au supermarché ou dans les grands magasins. Dressez la liste des ingrédients d'une recette facile que vous voulez faire ensemble, puis, une fois au supermarché, demandez à l'enfant de choisir les oignons et les courgettes. Laissez-le peser les légumes et en calculer le prix. Ce sera l'occasion d'une leçon de mathématiques. À la caisse, demandez-lui de glisser votre carte bancaire dans le lecteur et expliquez-lui comment fonctionne l'appareil (s'il n'y a pas une queue derrière vous!). Il n'est jamais trop tôt pour apprendre la valeur de l'argent. Dans la plupart des magasins, la liste de vos emplettes s'affiche sur un écran. Les enfants qui savent lire aiment annoncer tout haut chaque article et son prix.

Mon mari est photographe commercial. Il a toujours exercé sa profession à la maison. Nous n'avons jamais caché à notre fille les exigences et les problèmes particuliers des travailleurs indépendants, et il lui est souvent arrivé de faire la connaissance de certains de nos clients. De temps à autre, elle accompagnait son père lorsqu'il devait travailler dehors. À partir d'un certain âge, elle a même été capable d'aider ses assistants. Elle était très fière de ses responsabilités. Par la même occasion, elle a pu développer sa propre créativité. Elle a vite compris que tout ne marche pas toujours comme nous le désirons et que la faculté d'adaptation est l'une des qualités humaines les plus précieuses.

Quelle que soit votre profession ou celle de votre conjoint, vous devriez expliquer à l'enfant en quoi elle consiste exactement. En le mêlant à votre vie professionnelle et à l'un des aspects fondamentaux de la vie quotidienne, vous l'aidez à mieux vous connaître et à comprendre la place qu'il occupe dans le monde.

Des gens comme le père de Joseph, qui sont partis de zéro, veulent par-dessus tout éviter à leur enfant les embûches qu'ils ont connues. Ce faisant, ils l'empêchent d'acquérir les compétences qui ont été si utiles à leur réussite.

Les premiers pas

Nous souhaitons à notre enfant une vie heureuse, mais il nous incombe de l'aider à garder les pieds sur terre. L'enfant surprotégé risque d'abdiquer à la moindre difficulté. Si votre fille ne joue pas aussi bien au football que certaines de ses camarades, ou si elle ne retient pas ses répliques dans la pièce montée par son institutrice, elle risque de penser qu'elle n'est bonne à rien. Alors, pourquoi se donner tout ce mal ? Peut-être jettera-t-elle le blâme sur les autres. Peut-être s'attendra-t-elle à bénéficier d'un traitement de faveur. Un parent incapable de prendre du recul et qui protège trop son enfant risque d'en faire un adulte irresponsable, inapte à résoudre ses problèmes.

Essayez de juger objectivement le degré de maturité de votre enfant. Qu'est-il capable de faire sans votre aide, sans ressentir une anxiété excessive ? Lorsque Tania avait douze ans, elle mourait d'envie de rester à la maison seule, sans gardienne. Certaines de ses amies le faisaient depuis l'âge de dix ans. Se sentant inférieure, Tania avait l'impression d'être traitée comme un bébé. Elle était bonne élève, avait des amis qui plaisaient à ses parents, exécutait sans rechigner les tâches ménagères. Mais les parents répugnaient à la laisser seule, car ils vivaient en ville et quiconque sonnait à la porte pouvait représenter un danger. Bien qu'ils aient toujours favorisé l'indépendance de leur fille unique, ils s'inquiétaient plus que s'ils avaient eu plusieurs enfants. Ils craignaient que Tania n'ait pas la maturité nécessaire pour réagir correctement en cas d'urgence, toutefois ils savaient qu'il était temps de lui laisser assumer ses responsabilités. En conséquence, ils ont discuté avec elle des étapes qui lui permettraient d'apprendre à rester seule à la maison.

Pour commencer, Tania a été autorisée à rester seule durant une heure, le jour, après l'école. Sa mère était encore au travail et la gardienne pouvait arriver un peu plus tard. Tania et ses parents avaient mis au point des règles de sécurité : elle ne devait ouvrir la porte à personne, pas même à un livreur en uniforme. Une fois à la maison, elle pouvait prendre un goûter avant de faire ses devoirs. Elle n'était autorisée ni à envoyer des messages à ses amis, ni à passer toute l'heure au téléphone avec eux, ni à regarder la télévision. Ses parents n'avaient aucun moyen de superviser son comportement, mais ils lui faisaient confiance. Elle avait toujours pris de sages décisions et ils croyaient qu'elle continuerait de le faire.

Toutefois, il ne fallait pas négliger certaines questions. Que faire si un incendie éclatait ou si Tania se blessait en tranchant une tomate ? Devait-elle répondre au téléphone ? Et si le chien se mettait à vomir sur le tapis ? La famille a discuté à fond de toutes ces possibilités, puis les parents ont inscrit près du téléphone le numéro du service des urgences et celui de personnes avec qui Tania pouvait communiquer en cas de besoin. Ils lui ont expliqué le fonctionnement du numéro 911 et précisé qu'elle devrait absolument donner toutes ses coordonnées. Les parents ont également informé les voisins des nouvelles dispositions, afin que Tania ne soit pas embarrassée à l'idée de solliciter leur aide le cas échéant.

Tania s'est révélée mûre et responsable. Elle faisait ses devoirs et appelait sa mère au bureau pour lui dire que tout allait bien. Au bout de quelques mois, les parents ont conclu qu'ils pouvaient laisser l'adolescente seule pendant deux heures. Un an plus tard, Tania passait la soirée seule lorsque les parents étaient invités à dîner. Elle a beaucoup apprécié sa liberté et, dans l'ensemble, n'en a pas abusé.

Lorsque ma fille a eu douze ans, elle a commencé à vouloir aller au centre commercial pour y faire du lèche-vitrines sans nous, et je me sentais prête à la laisser flâner seule quelques heures. Elle venait d'entrer à l'école secondaire et j'estimais judicieux de lâcher un peu de lest. Après tout, beaucoup de ses amies fréquentaient la galerie marchande depuis près d'un an et je ne lui accordais de nouvelles libertés que très progressivement.

J'étais toutefois inquiète à l'idée qu'elle pourrait rencontrer des adolescents moins fréquentables. Je savais qu'elle risquait d'essuyer des moqueries si je me montrais trop stricte, mais d'un autre côté il fallait qu'elle apprenne à ne pas se laisser influencer par les autres. Je me demandais comment elle se comporterait. Au départ, j'avais des doutes. Mais il était temps de lui laisser la chance de prouver sa maturité.

J'ai commencé par m'informer des règles habituelles auprès des autres parents. À cette époque-là, les enfants n'étaient pas encore accrochés aux téléphones cellulaires. À l'instar des autres parents, mon mari et moi avons mis une stratégie au point : nous voulions que notre fille nous appelle, à partir d'une cabine, une heure et demie après avoir été déposée au centre commercial avec ses amies. Puis nous avions fixé l'heure à laquelle nous passerions les prendre. Si elles ne se trouvaient pas à l'endroit désigné à l'heure convenue, elles ne seraient pas autorisées à retourner au centre commercial. Dans l'ensemble, ma fille s'est bien comportée et je me suis sentie suffisamment tranquille lorsque le moment est venu de pénétrer avec elle dans l'étrange univers de l'adolescence.

Les périls de la puberté

Quelques années plus tard, nous avons dû affronter des problèmes bien plus terrifiants : promenades en auto avec des adolescents de seize ans, concerts rock, raves, drogues, alcool, etc. Ce sont là les pires cauchemars de tous les parents, qui aimeraient que leurs enfants restent à l'école primaire toute leur vie ! Nous avons conclu que si nous survivions aux périls que l'adolescence réservait à notre fille, nous serions capables de survivre à n'importe quoi.

Pour conserver une bonne relation avec notre fille, nous devions à la fois fixer de nouvelles limites et lui donner plus de liberté. Pour ce faire, nous avons décidé de lui parler franchement de nos craintes. D'abord, si nous lui interdisions tous les concerts, elle serait probablement attirée par le fruit défendu et ferait tout pour y assister en cachette. Les adolescents avaient tous le permis de conduire et pouvaient fort bien s'éclipser pendant que les parents les croyaient à la bibliothèque en train de préparer un examen sur la poésie du XIXᵉ siècle.

Quant aux promenades en auto, nous avons fixé des règles strictes : notre fille ne devait en aucun cas monter en voiture avec quelqu'un qui avait bu ou pris de la drogue. Nous lui donnions toujours assez d'argent pour un taxi et elle pouvait nous appeler à n'importe quelle heure du jour ou de la nuit pour nous demander de venir la chercher.

Quant aux fêtes, nous étions d'accord pour qu'elle s'amuse comme les autres, mais raisonnablement. Avec les parents de ses amis, nous avons formé un petit cercle. Lorsque notre fille nous assurait que les parents de la copine qui organisait une fête seraient présents, nous leur téléphonions pour corroborer ses dires. Nous lui faisions confiance, certes, mais elle était malgré tout une adolescente désireuse de paraître décontractée et libre aux yeux de ses amies. Nous avons donc trouvé le moyen de surveiller notre «novice» tout en lui accordant une certaine liberté.

Les adolescents ont toutefois coutume d'organiser des fêtes impromptues en plein air, en l'absence de toute supervision. C'est l'occasion idéale de faire circuler alcool et drogues. Si votre fille vous annonce qu'elle est invitée à une fête chez une amie, assurez-vous que le programme ne changera pas à la dernière minute. Puis appelez quelqu'un d'autre pour en avoir confirmation. Notre fille avait un principe : «Si je dois mentir, il faut que je m'arrange pour être toujours là où je suis censée être.» Au moins, elle ne disparaissait jamais complètement de la surface de la Terre.

Nous avons estimé que, pour protéger notre enfant sans excès, la meilleure méthode consistait à faire preuve de franchise. Nous avons exprimé nos craintes et notre fille nous a affirmé comprendre les dangers, nous a promis de ne jamais faire de bêtises et tout s'est bien passé. Elle a assisté à quelques concerts, a eu l'impression de gagner son indépendance et n'a pas eu honte face à ses amies. Je suis certaine qu'elle m'a caché un tas de choses, mais je ne veux pas en savoir davantage. Elle a réussi ses études et a survécu, physiquement et psychiquement, à l'adolescence. C'était notre but.

Nuits blanches et nuits lointaines

Lorsque la mode de passer la nuit chez l'un ou l'autre en compagnie d'adolescents du sexe opposé est arrivée, j'en ai été estomaquée. Notre fille était encore à l'école secondaire! Apparemment, tous les parents d'Amérique du Nord, d'Europe et d'Asie étaient d'accord. Ma fille, alors âgée de seize ans, nous a suppliés de la laisser faire : les parents seraient là et tout le monde dormirait tranquillement (ben voyons!); où était le mal? Les garçons occuperaient une partie de la maison et les filles, l'autre. Les parents patrouilleraient et feraient les chaperons. «Ah bon? Ils ne dormiront pas?» «Non, nous a assuré notre fille, ils resteront debout toute la nuit!» «Mais s'ils s'endorment malgré eux?» Cette hypothèse était absurde, semblait-il, et nous avons mis fin à la discussion. Manifestement, je devais sauver ma fille contre son gré : ma réponse a été un non catégorique. À ce stade, la protection totale était de rigueur.

Nous avions établi un couvre-feu, mais, d'après Alexis, aucun de ses amis ne devait rentrer à heure fixe les soirs de week-end. « Tant pis, avons-nous répliqué, c'est leur problème, pas le tien. » Puis nous lui avons demandé ce qui, selon elle, serait un couvre-feu raisonnable. « Oh, peut-être deux heures du matin », a-t-elle répondu sur un ton dégagé. Nous avons éclaté de rire et elle a tourné les talons en fulminant.

Une fois tout le monde apaisé, nous avons réussi à lui faire accepter de rentrer à minuit et demi. L'année suivante, elle a pu rentrer à une heure. Toutefois, si elle arrivait plus de cinq minutes en retard sans nous avoir prévenus, elle était privée de sortie durant deux semaines. Cette politique me paraît aujourd'hui quelque peu simpliste, mais elle s'est révélée efficace.

Alexis savait que nous n'hésiterions pas à mettre nos menaces à exécution, mais les règlements lui facilitaient la vie. Elle se sentait en sécurité et cela lui donnait un bon prétexte pour déplorer l'attitude de ses vieux auprès de ses amies… En outre, si elle se retrouvait en situation délicate, elle pouvait toujours invoquer ce couvre-feu. Et puis elle comprenait à quel point il était important pour nous de la savoir en sécurité. Au fond, comme beaucoup d'enfants uniques, elle craignait de gâcher sa relation avec nous.

Si vous essayez de réglementer chaque détail de la vie d'un adolescent, vous risquez d'y laisser votre santé. Qui plus est, vous empêcherez l'enfant de trouver son identité d'adulte. Pour assurer sa sécurité, il est bon de discuter et de parvenir à des ententes. Ce sont des ingrédients indispensables. Voici quelques idées pour favoriser l'indépendance et l'amour-propre de l'enfant tout en sachant ce qui se passe dans sa vie.

Quelques principes généraux pour protéger les adolescents
Ne craignez jamais d'embarrasser votre enfant devant ses camarades.
De toute façon, votre existence même l'embarrasse. La plupart des adolescents préféreraient être le fruit d'une génération spontanée. C'est
un état normal, qui disparaît peu à peu vers l'âge de dix-neuf ans. Tenez
bon et suivez ces principes :

- La vie sociale est un privilège et non un droit. Il faut mériter la
  permission de s'amuser. Votre adolescent n'est plus à l'âge où
  son quotidien était fait de jeux et de divertissements. Si vous
  acceptez l'idée que les règles ont été fixées pour assurer la
  sécurité de votre enfant, il faut que lui-même les suive rigou-
  reusement. Sinon, retirez-lui la permission de s'amuser.
- Pour protéger votre enfant, n'hésitez pas à vous entretenir avec
  d'autres parents. Si votre fils vous affirme que les parents de
  Samuel l'ont autorisé à aller en auto en Alaska, vous serez ainsi
  en mesure de le prendre en flagrant délit de mensonge. Vous
  avez dîné la veille avec les parents de Samuel et vous savez qu'il
  n'est même plus autorisé à sortir la voiture du garage, parce que
  la semaine dernière il a percuté un poteau de téléphone !
- Si votre adolescent vous confond avec le Trésor public,
  encouragez-le à trouver un emploi. Le travail favorise la
  confiance en soi et oblige les enfants à s'entendre avec des gens
  très différents. En outre, un enfant occupé à travailler risque
  moins de subir l'influence de mauvaises fréquentations.
- Avant d'être autorisés à sortir le week-end, les jeunes doivent
  avoir terminé leurs tâches ménagères. Cela les motivera et ils
  se sentiront utiles. Peut-être seront-ils momentanément exaspérés, mais sachez que les enfants qui savent que leur contri-
  bution est importante risquent moins que les autres de trahir
  votre confiance.

Comment éviter de surprotéger votre enfant

- Dressez la liste de vos craintes. Examinez-les objectivement, puis éliminez celles qui sont déraisonnables.
- Sachez quelles sont les capacités de votre enfant, à chaque stade de sa croissance. Offrez-lui des occasions de vivre des aventures et de connaître l'échec.
- Discutez de la confiance avec l'enfant. Ainsi, les valeurs en vigueur dans la famille influenceront ses décisions, au fur et à mesure qu'il grandira.
- Laissez l'enfant résoudre certains de ses problèmes. Ne soyez pas toujours là pour le tirer d'affaire.
- Comprenez qu'à certains moments il importe de lâcher du lest. Essayez de le faire sans que l'enfant se doute de vos appréhensions. Laissez-le découvrir s'il est capable de se débrouiller seul.

TEST D'AUTOÉVALUATION

Surprotégez-vous votre enfant?

- Suggérez-vous des solutions ou offrez-vous votre aide avant même que l'enfant les sollicite?
- Faites-vous généralement votre possible pour faciliter la vie de l'enfant, même si cela rend la vôtre plus difficile?
- Êtes-vous complètement empêtré dans la vie quotidienne de votre enfant et passez-vous le plus clair de votre temps à vous faire du souci pour lui?
- Jugez-vous impossible de ne pas intervenir lorsque votre enfant s'efforce de résoudre un problème?
- Faites-vous l'impossible pour éviter que votre enfant soit déçu ou contrarié?

- Avez-vous du mal à croire que votre enfant est assez solide pour commettre des erreurs et en tirer des leçons?
- Si vous en aviez la possibilité, préféreriez-vous éliminer tous les dangers de la vie de votre enfant plutôt que de l'aider à les affronter?

Si vous avez répondu par l'affirmative à l'une de ces questions, vous surprotégez sans doute votre enfant. Réfléchissez, songez aux aptitudes de votre enfant, à sa personnalité. Ne l'empêchez pas de partir à la découverte de la vie en le surprotégeant.

Au chapitre suivant, nous parlerons de la discipline nécessaire à l'enfant pour que la protection ne devienne pas une prison.

CHAPITRE TROIS

L'ENFANT INDISCIPLINÉ

Je n'ai qu'un enfant et je vis dans l'angoisse. J'ai commis toutes les erreurs imaginables : j'ai surprotégé mon fils, je me suis mêlée de tout, j'ai omis de le discipliner. Aujourd'hui, il a onze ans et je suis triste, car il est seul. Il manque de maturité et, lorsqu'il est avec d'autres enfants, il fait des caprices, il les énerve. Que faire ?

Peut-être avez-vous fixé des règles que vous n'avez pas respectées. Peut-être votre méthode d'éducation diffère-t-elle de celle de votre conjoint. Peut-être avez-vous du mal à faire front commun lorsque l'enfant désobéit. Malgré cela, ne vous jugez pas trop sévèrement. Discipliner un enfant, quel que soit son âge, est une tâche exaspérante : alors que nous croyons avoir trouvé une réponse, nous constatons l'instant d'après qu'il n'en est rien, qu'un garnement de trois ans s'est joué de nous.

Malheureusement, les parents d'un enfant unique sont souvent peu doués pour fixer des règles ou pour les appliquer. Le terrain est miné. Tous les enfants sont mignons, astucieux et obstinés, mais les enfants uniques le sont davantage, surtout aux yeux de leurs parents. Dans une famille qui ne compte qu'un enfant, les enjeux sont sérieux, car les membres de cette famille sont liés très étroitement.

Les parents ont parfois pour leur enfant unique une adoration telle qu'ils ne peuvent supporter l'idée qu'il puisse les rejeter, ne serait-ce qu'un instant. En disciplinant un enfant unique ou en lui imposant des limites, nous avons parfois l'impression de nous fustiger nous-mêmes. Que faire s'il nous en veut? s'il nous juge cruels ou s'il croit que nous ne l'aimons plus? Son chagrin devient le nôtre, nous le ressentons aussi intensément que lui. C'est pourquoi il est important de comprendre ce que la discipline vous apportera à long terme.

L'importance des limites

La voie de la facilité est souvent la plus tentante. Pourquoi seriner tous les jours à Alice qu'elle doit ranger ses jouets alors qu'il est si facile de le faire soi-même? Combien de fois avez-vous trouvé votre fils allongé devant le téléviseur alors que vous lui aviez demandé de débarrasser la table? Vous éteignez l'appareil et vous hurlez pendant dix minutes, mais vous finissez par faire le travail vous-même. Après tout, cela ne prend que cinq minutes. La psychologue Susan Newman conseille aux gens de se comporter vis-à-vis d'un enfant exactement comme s'ils en avaient quatre. Si la table ressemblait à un champ de bataille, il est peu probable que nous laisserions la situation se dégrader davantage.

Chaque fois que nous évitons de formuler nos désirs, l'enfant en pâtit, car il devient anxieux. Chaque fois que vous le laissez transgresser les règles, vous compromettez votre capacité de le protéger et de lui offrir un environnement au sein duquel il pourra devenir un adulte équilibré. De plus, le manque de discipline à la maison risque de causer à l'enfant de sérieux problèmes.

Les conséquences à long terme du laxisme

Dan Kindlon, auteur de *Too Much of a Good Thing*, a mené une enquête auprès de 654 adolescents des milieux favorisés. Les filles qui se jugeaient «très gâtées» couraient trois fois plus de risques de conduire en état d'ébriété. D'autres, qui estimaient leurs parents «plutôt laxistes», souffraient de troubles de l'appétit, prenaient de la drogue, ne réussissaient pas à l'école et avaient des comportements sexuels dangereux.

Tout cela est logique : l'enfant qui ne doit obéir à aucune règle à la maison risque d'imposer ses propres valeurs, ce qui est souvent à l'origine de problèmes graves. Si les parents ne sont ni désireux ni capables de consacrer le temps nécessaire à l'élaboration de règlements, l'amour-propre de l'enfant en subira les conséquences. Il est possible que, pour votre enfant unique, le fait d'avoir de mauvaises notes n'ait pas grande importance. Qui s'en rendra compte et qui s'en préoccupera?

L'absence de limites n'est pas synonyme de liberté. Ni pour l'enfant ni pour les parents. Votre maisonnée peut se comparer à un pays qui ne peut fonctionner sans un ensemble de lois. L'anarchie engendre la confusion et l'anxiété, et non pas la liberté et la créativité.

Il arrive que les enfants uniques se comportent comme s'ils rêvaient de prendre les rênes du pouvoir, parce qu'ils entretiennent des relations étroites avec les adultes et souhaitent les imiter. Mais tout cela, c'est de la façade. Au fond, ils préféreraient un univers où les règles et les limites leur procureraient un sentiment de sécurité. On peut se faire des amis, certes, mais de bons parents ne sont pas si faciles à trouver !

Les enfants uniques s'expriment généralement très bien, parce qu'ils passent une bonne partie de leur temps en compagnie d'adultes. Ils donnent parfois l'impression d'être plus mûrs qu'ils le sont en réalité. Si votre fille essaie de vous manipuler, souvenez-vous qu'elle est parfaitement capable d'imiter le discours et le comportement des adultes, mais elle n'est encore qu'une enfant. Ne la laissez pas vous intimider et ne capitulez pas. Vous la nourrissez, la logez, lui offrez affection et appui, la conduisez partout. Si elle rencontre ses amis et se livre à toutes sortes d'activités intéressantes, c'est grâce à vous. Ce n'est pas elle qui commande, c'est vous. N'ayez pas peur d'exploiter sagement votre position de supériorité.

La sévérité engendre la révolte

Si la discipline que vous imposez à votre enfant est trop stricte, vous risquez d'en faire un rebelle. Shirley Jones, actrice et enfant unique, avait une mère despotique. Dans un entretien publié en 1998 dans *Only Child*, Jones expliquait que sa mère et elle ont été à couteaux tirés jusqu'à ce qu'elle ait neuf ou dix ans. La mère avait des idées bien arrêtées sur tout et Shirley se rebellait. Si la mère disait : «Le gazon est vert», Shirley rétorquait qu'il était brun. Bien que la situation n'ait jamais dégénéré en violences physiques, toute négociation était impossible. Shirley estime toutefois aujourd'hui que l'attitude de sa mère, détestable à l'époque, lui a sans doute été bénéfique.

Les parents incapables de souplesse sont souvent ceux qui surprotègent les enfants. Avec les meilleures intentions du monde, ils espèrent leur offrir une vie plus agréable que celle qu'ils ont eux-mêmes vécue. Ils sont sincèrement persuadés que, s'ils séquestrent l'enfant et l'entourent de barrières, il sera en sécurité. Ce système sera peut-être efficace pendant un certain temps, mais le moment viendra où l'enfant se transformera en adolescent insupportable, prêt à tout pour s'évader de la maison.

Vous êtes les parents ; lui, c'est l'enfant

Il est possible d'orienter le comportement de l'enfant sans être tyrannique. De nombreux parents, autrefois, agissaient en véritables despotes. C'est la raison pour laquelle la génération suivante a fait volte-face pour adopter des méthodes où dominent la compassion, la compréhension et l'amitié. Il est évident que ce nouveau modèle se compare favorablement avec l'ancien. En apprenant à connaître nos enfants, nous nouons avec eux des relations intéressantes. Ils n'ont plus peur de nous demander conseil ou de nous confier leurs problèmes. Malheureusement, toute médaille a son revers : nous proclamons fièrement que notre vie s'articule autour de l'enfant, mais nous avons du mal à formuler nos désirs. Nous lâchons la bride aux enfants, mais nous avançons à petits pas timides derrière eux, en espérant qu'ils nous conduiront dans la bonne direction.

Lorsque les adultes et les enfants oublient leur rôle, tout le monde perd ses repères. Il me serait impossible de compter le nombre de fois où je me suis forcée à dire : «C'est moi la mère et elle, l'enfant!» Au cœur des pires crises, cette phrase me redonnait l'énergie nécessaire pour me lancer avec Alexis dans de sempiternels débats sur le maquillage, les vêtements, les sorties, les garçons, etc.

Même si votre enfant unique boude lorsque vous lui imposez des règles, il continuera de vous aimer, surtout s'il constate que dans l'ensemble vous êtes juste. Au fur et à mesure qu'il grandira et réclamera de nouveaux privilèges, vous découvrirez qu'à certains moments il vous en veut, certes, mais cela ne doit pas vous désoler. À moins que votre discipline ne soit beaucoup trop stricte, sa rancœur se dissipera. Sachez aussi que l'éducation d'un enfant ne va jamais sans conflit. Certains jours, vous aurez l'impression de ne rien faire de bon ; à d'autres moments, tout se passera sans anicroche.

Le jour de ses treize ans, notre fille s'est mise à hurler : «Je te déteste!» parce que je ne voulais pas la laisser partir chez une amie avant qu'elle ait terminé ses devoirs. J'ai eu l'impression qu'elle venait de me poignarder. Sans laisser paraître ma douleur, je lui ai répondu : «Je m'en doute, car tu arrives à l'âge où l'on est censé détester ses parents. De mon côté, je ne peux pas dire que je te trouve particulièrement agréable ces jours-ci.» Ma réaction a complètement désamorcé sa colère. La tête basse, elle est allée finir ses devoirs.

Les familles monoparentales

Il est parfois très difficile, dans une famille monoparentale, de trouver un équilibre entre amour et discipline. Une mère ou un père qui n'a pas de conjoint pour l'aider à élever un enfant unique se trouve face à la tâche la plus difficile qui soit. En général, le lien entre parent et enfant est extrêmement étroit. Malheureusement, il est épuisant d'être à la fois le père, la mère et le meilleur ami de son enfant.

Amanda, enfant unique de trente-deux ans, actrice, chanteuse et compositrice, étudiait pour devenir *cantor* (personne qui chante et dirige les prières à la synagogue). Sa mère avait élevé seule cette fillette obstinée et portée au drame. À l'école primaire, Amanda était obéissante. «Si je ne rangeais pas ma chambre ou si je ne faisais pas la vaisselle, ma mère me privait de certaines choses, par exemple de télévision. Parfois, elle m'interdisait de voir mes amies. Mais à l'adolescence je me suis révoltée. Je refusais d'obéir, alors j'étais punie et je trouvais cela génial. Je me disais qu'après tout j'étais capable d'en subir les conséquences. Et tant pis pour le reste.»

À d'autres occasions, Amanda n'abandonnait pas la partie facilement. Si la punition consistait à ne pas avoir le droit de regarder une bonne émission de télé, elle hurlait, suppliait et sanglotait tellement que sa mère finissait par céder. «Ma mère ne supportait pas de me voir dans cet état, dit-elle. J'étais son enfant unique et elle n'avait personne pour la soutenir. Alors, je parvenais généralement à mes fins.»

La mère d'Amanda cherchait plus à se faire une amie de sa fille qu'à lui imposer des règles pour assurer sa sécurité. Un mois après avoir obtenu son diplôme d'études secondaires, Amanda est allée étudier l'art dramatique à New York, et c'est alors que les conséquences négatives de l'attitude de la mère se sont manifestées. «Lorsque je suis entrée au conservatoire, se souvient Amanda, j'ai constaté que ce n'était pas ce que je recherchais. J'ai appris beaucoup de choses, certes, mais ce n'était pas vraiment ce qu'il me fallait. J'aurais dû en fait aller à l'université. C'était d'ailleurs ce que voulait ma mère, mais je tenais à cette école. Maintenant, je regrette que ma mère ait cédé à mon caprice, car c'est elle qui avait raison.»

En effet, si la mère avait obligé Amanda à aller à l'université, elle lui aurait épargné de nombreux problèmes. Dans une famille monoparentale, le parent doit évaluer périodiquement sa relation avec son enfant unique. Essayez-vous d'être avant tout un ami pour votre fils ou votre fille? Lorsque certaines situations exigent de la fermeté, un parent qui a abandonné toute idée de discipline pour éviter les affrontements s'apercevra très vite qu'il doit absolument redresser la barre.

Les conséquences du divorce

L'absence ou l'insuffisance de la discipline sera à l'origine de nombreux problèmes. L'inconséquence est tout aussi grave. Les parents divorcés qui se partagent la garde d'un enfant unique doivent absolument s'entendre sur la discipline et prendre des dispositions pour aider l'enfant à grandir dans l'amour et l'affection.

Érika a aujourd'hui vingt-cinq ans. Ses parents ont divorcé alors qu'elle était encore bébé. Dès que cela a été possible, elle a partagé son temps entre le domicile de son père et celui de sa mère. Mais ses parents avaient chacun leur idée sur l'éducation des enfants. Érika a donc mené une double vie. Sa mère était stricte et traditionnelle; son père, laxiste. Chez sa mère, Érika était punie pour une faute de conjugaison. Il y avait des règles pour tout. Mais son père était extrêmement libéral et, selon lui, les parents et les enfants devaient être des amis. «Il n'y avait aucune limite, je pouvais faire ce que je voulais si je parvenais à le convaincre du bien-fondé de mon comportement. Lorsque j'étais chez ma mère, je souhaitais qu'elle devienne comme mon père ; mais lorsque j'étais chez mon père, j'aurais voulu qu'il agisse en adulte.»

Enfant unique, Érika n'avait personne à qui confier ses problèmes. La rigidité de sa mère lui donnait l'impression de ne pas être aimée et le laxisme de son père l'effrayait. Sa vie était si complexe qu'elle a fini par se fixer elle-même des règles dans l'espoir d'abolir le chaos et d'introduire un peu d'ordre dans ses journées. Ainsi, elle a pu trouver un équilibre entre les extrêmes. Pendant que ses amis faisaient la fête, elle s'assurait que personne n'allait trop loin. En fin de compte, elle s'est élevée toute seule.

Comment renforcer la discipline

Il faut bien expliquer à votre enfant unique comment vous envisagez la vie de famille. Ainsi, vous le préparez à vivre en société, à l'école, avec ses amis, au travail. La discipline inculque des compétences essentielles pour réussir les études et faire carrière. Par exemple, l'enfant doit apprendre à se maîtriser, à acquérir de bonnes manières et à traiter les autres avec gentillesse et considération.

La maîtrise de soi

S'ils n'apprennent pas à se maîtriser, les enfants uniques risquent de devenir insupportables. Se maîtriser consiste en grande partie à savoir attendre son tour et à réprimer des paroles ou des actes impulsifs. Au chapitre un, j'ai dit que les enfants doivent apprendre que la patience est récompensée. Dans les familles nombreuses, chacun attend son tour parce qu'il n'a pas le choix. Même s'ils ne l'apprécient pas, les enfants finissent toujours par comprendre que les besoins de l'un passent parfois devant ceux de l'autre. Si la mère ou le père est occupé à changer la couche du bébé, Élise, quatre ans, devra attendre quelques minutes pour avoir un verre de jus. Peut-être rechignera-t-elle, mais elle comprendra vite que maman n'a que deux mains. Lorsqu'un enfant unique réclame un verre de jus, il l'obtient probablement sur-le-champ. Tout lui semble facile, mais les parents doivent lui apprendre que ce ne sera pas toujours le cas.

Les bébés exigent une gratification immédiate, mais dès que l'enfant est en mesure de comprendre ce qui se passe autour de lui, la situation change. En revanche, si vous continuez à le satisfaire comme lorsqu'il était bébé, il continuera de se comporter comme tel, à la maison et ailleurs. À la maternelle, cet enfant monopolisera l'attention de l'institutrice, voudra se faire entendre immédiatement ou se mettra à hurler lorsqu'il devra attendre son tour. Il aura probablement du mal à se faire des amis. S'il n'est pas capable d'évaluer une situation avant d'intervenir, les autres l'ignoreront ou le rejetteront. Mais s'il apprend à observer ce que les autres font et à jouer au même jeu durant un moment, ils l'adopteront plus facilement.

Lorsque notre fille est née, j'étais à l'affût de ses moindres désirs. Je ne voyais pas ce qu'il y avait de répréhensible dans le fait de lui offrir une collation dès qu'elle en avait envie ou de ramper sous le lit pour quérir son ours en peluche dès qu'elle le réclamait. Je souhaitais satisfaire toutes ses exigences, parce que je croyais que les bons parents devaient se comporter ainsi.

Plus tard, lorsque Alexis a eu cinq ans, les écailles me sont tombées des yeux. Contrairement à la plupart de ses amies, elle était incapable d'attendre qu'on lui offre un verre d'eau ou qu'on lui présente une autre petite fille. Lorsque nous allions au parc, elle se précipitait vers les groupes d'enfants, persuadée qu'ils n'attendaient qu'elle. J'admirais son courage, car elle revenait généralement en sanglotant, rejetée par les enfants qui étaient pris par leur jeu et n'avaient pas la moindre envie d'accueillir une nouvelle venue. Je lui ai suggéré de commencer par les regarder jouer un moment. Ensuite, peut-être lui proposeraient-ils de se joindre à eux. Mais l'attente lui était totalement étrangère. J'ai dû commencer par l'aider, chaque jour, à attendre pour obtenir satisfaction. Mon but était de lui enseigner la patience et d'en faire une adulte agréable et populaire.

Les enfants adorent interrompre les parents lorsque ces derniers sont au téléphone. Ma fille, habituée à monopoliser notre attention, était passée maîtresse dans cet art, de sorte que chaque conversation téléphonique m'était si pénible que j'ai dû réagir. J'ai commencé par lui interdire de m'interrompre lorsque j'étais au téléphone. Elle n'hésitait pas à venir me demander de l'aider à choisir les vêtements qu'elle allait porter ou le livre que je lui lirais le soir. J'avais même l'impression qu'elle attendait ce moment précis pour venir m'importuner avec ses questions. Bien que je lui aie répété souvent que cette habitude m'irritait, je n'avais jamais insisté pour qu'elle cesse. Tout ce que je faisais, c'était plaquer la main contre le combiné en vociférant : «Pas maintenant!» Mais je ne proférais jamais de menaces. Cependant, un jour, elle a interrompu un appel très important. J'ai posé le combiné et je lui ai dit que j'étais occupée et qu'elle devrait attendre. Elle s'est agrippée à ma jambe en me suppliant : «Maman, viens m'aider, tout de suite!» Les grands moyens s'imposaient. Après avoir raccroché, je lui ai expliqué pourquoi elle ne devait plus m'interrompre. Si elle recommençait, elle serait punie et j'ai décrit en détail ce qui l'attendait :

- Elle n'aurait pas le droit de regarder son film favori durant le week-end.
- Elle n'aurait pas le droit d'aller jouer chez une copine après l'école.
- Elle ne serait pas autorisée à aller dormir chez sa meilleure amie la prochaine fois qu'elle y serait invitée.

Ma fille avait compris que je parlais sérieusement et chaque punition lui semblait très grave. Naturellement, elle a transgressé les règles à quelques reprises et, chaque fois, je l'ai punie. Au bout de quelques semaines sans amies et sans vidéos, elle a compris et a cessé de m'interrompre.

Tout n'était pas gagné, car, sous d'autres rapports, elle considérait toujours que j'étais à ses ordres. Mais je ne bondissais plus comme une mère kangourou pour lui obéir. Au contraire, mon mari et moi avons mis au point un système de récompenses pour l'aider à apprendre à se maîtriser :

- Si elle se tenait tranquille pendant que son père ou moi étions au téléphone, nous la remerciions et l'emmenions faire une promenade à bicyclette.
- Si elle était capable d'attendre que nous soyons disponibles pour l'aider à chercher un jouet ou pour admirer une de ses peintures, nous lui lisions une histoire supplémentaire le soir.
- Lorsqu'elle se montrait patiente, nous lui faisions comprendre qu'elle nous permettait ainsi de terminer notre travail plus tôt. Nous pouvions alors lui consacrer plus de temps. Nous la récompensions souvent par un pique-nique au parc ou par une sortie avec ses amies à la plage.

Voilà comment notre fille a appris à faire preuve de patience. Naturellement, tout cela n'est pas arrivé du jour au lendemain, mais peu à peu nous avons vu son caractère se modifier.

Les bonnes manières

Les bonnes manières ne se limitent pas à manger la bouche fermée ou à savoir quelle fourchette utiliser en premier. Elles consistent également à faire preuve de gentillesse et à respecter les sentiments et les besoins d'autrui, même lorsque cela nous oblige à sacrifier les nôtres.

La compréhension du bien et du mal, c'est-à-dire l'acquisition de valeurs morales, fait aussi partie des bonnes manières. Tout en enseignant la patience à notre enfant, nous lui faisons voir les effets de ses actes et de ses paroles sur autrui et nous l'aidons à prendre des décisions réfléchies. Un enfant qui prend le temps de se demander si son comportement risque de blesser quelqu'un ou, au contraire, de lui faire plaisir est un enfant capable de se maîtriser.

Lorsque nous n'avons qu'un enfant, nous sommes portés à le laisser s'exprimer librement et à l'écouter avec attention. Il est donc plus difficile de lui enseigner le respect d'autrui. Enchantés de le voir s'épanouir, nous oublions qu'il est tout aussi important de lui apprendre à écouter les autres. Malheureusement, un enfant unique qui n'a jamais appris cela risque de s'imaginer que ce qu'il dit est plus important que tout ce que les autres pourraient avoir à dire. Certes, il est agréable d'entendre notre enfant disserter sans complexe, mais il doit aussi savoir écouter. Celui qui passe son temps à interrompre les adultes ou qui ressent un besoin constant d'attention deviendra un adulte égocentrique.

Lucie, âgée de dix ans, est une demoiselle au caractère bien trempé, qui a tout pour réussir dans la vie, sauf les bonnes manières. À l'école, elle obtient de bons résultats, mais elle en fait trop et a tendance à interrompre les professeurs. Lorsqu'elle pose une question, elle exige une réponse immédiate. Sa soif d'attention incite les autres à se moquer d'elle. Quant aux enseignants, elle les exaspère. Les bulletins scolaires de Lucie traduisent bien cette situation. Avec ses camarades, elle se montre très extravertie. Ceux-ci, d'abord attirés par son énergie et son audace, finissent généralement par se vexer, car Lucie ne réfléchit pas avant de parler.

À la maison, elle a toujours été autorisée à s'exprimer dans les conversations entre adultes. Pour elle, il est normal d'interrompre ses parents, voire de leur répliquer. Enfant unique, elle n'a à craindre aucune concurrence. Ses parents ne lui ont jamais enseigné l'importance des bonnes manières et de la politesse en société. En raison de son insensibilité, elle a perdu des amis et risque de compromettre ses relations avec ses professeurs. Et pourtant, son enthousiasme pourrait être une qualité si elle apprenait à le canaliser positivement, mais pour y arriver elle aurait besoin d'aide. Ses parents devraient lui apprendre à se maîtriser. Le but de la discipline devrait être de permettre à l'enfant d'acquérir une sorte de boussole interne qui lui indique la bonne voie quand ses parents ne sont pas là pour surveiller son comportement.

La gentillesse et la considération

Gabriel vient d'entrer dans une nouvelle école primaire. La transition a été difficile, car il ne connaît personne. À la maison, il a pris l'habitude de répliquer à ses parents, et puis il a tendance à dominer ses amis. Malheureusement, ses nouveaux camarades n'apprécient pas ce genre d'attitude et son institutrice lui a fait des remontrances quand elle l'a surpris à les injurier. Les autres élèves l'ont exclu de leurs jeux et il leur en veut, mais il ignore comment utiliser le langage pour exprimer ses sentiments. À la maison, ses parents ne s'entendent pas et ont coutume de s'insulter. Gabriel entend tout et, parce que ses parents sont ses seuls modèles, il a adopté leur comportement.

Il ne faut pas croire que nos enfants ne nous entendent pas ou ne nous voient pas. Ce n'est pas parce que nous sommes obsédés par nos problèmes que les jeunes sont sourds et aveugles. Dans les familles qui comptent plusieurs enfants, les faits et gestes des parents ne revêtent pas la même importance. Mais l'enfant unique, lui, assimile tout.

Cela signifie que nous devons adopter les comportements que nous souhaitons inculquer à notre enfant. Si nous voulons en faire un adulte juste et respectueux, il faut éviter d'insulter l'arbitre qui impose une pénalité au hockey ou les automobilistes avec qui nous partageons la route. Si nous écoutons et respectons nos amis, notre enfant apprendra à faire la même chose. Notre tâche consiste à prêcher par l'exemple. Si l'enfant se montre impoli envers un enseignant ou un autre adulte, prenez-le à part et demandez-lui ce qu'il ressentirait si quelqu'un s'adressait à lui sur ce ton. S'il offense un ami, demandez-lui ce qu'il ressent quand les autres le traitent de tous les noms. Laissez-le ruminer ses pensées. Le simple fait de se mettre à la place des autres suffit généralement à modifier la perspective et l'attitude d'un enfant.

Les enfants uniques se sentent tellement intégrés à la vie des adultes qu'ils ont souvent l'impression de pouvoir dire n'importe quoi dans l'impunité totale. Si vous enseignez la politesse à la maison et que vous dites à votre enfant que vous ne tolérerez ni grossièreté ni méchanceté, il comprendra ce que la société attend de lui.

Définir la discipline

Pour de nombreux psychologues, discipline et punition sont deux choses différentes. La discipline doit aider l'enfant à maîtriser ses émotions et son comportement. La punition est nécessaire quand la discipline n'est pas respectée.

Certains parents affirment comprendre parfaitement ce qu'entraîne la discipline à la maison. Ils estiment pouvoir se faire respecter : «Pas de sucreries avant le dîner, un point c'est tout.» Ou : «Je n'ai pas l'intention d'aller t'acheter des bonbons et ne m'interromps pas pendant que je lis. Je t'ai averti. Si tu continues, tu seras puni.» Et ils mettent généralement leurs menaces à exécution.

Si c'est ainsi que vous avez toujours procédé, votre enfant vous obéira certainement sans répliquer jusqu'à un certain âge. Mais à l'adolescence il exigera des explications. Si vous refusez de les lui donner, il argumentera et essaiera de faire valoir ses droits ; mais si vous persistez dans le refus, vos relations en souffriront. Votre enfant ne se confiera jamais à vous.

Discipliner un enfant unique

La discipline ne consiste pas seulement à exiger d'un enfant qu'il se plie à votre volonté. Voici ce que le mot implique :

- La discipline doit aider votre enfant à vous écouter.
- Elle doit l'aider à comprendre l'importance de ce que vous dites.
- Elle doit enfin lui permettre de comprendre que les règles sont justifiées et qu'il faut les respecter sous peine de punition.

Pour que la discipline soit efficace, il convient de fixer des règles claires. Ensuite il s'agit d'en discuter, pour faire comprendre à l'enfant ce que nous attendons de lui et pourquoi, puis il faut décrire les conséquences de la désobéissance. Ce cheminement est plus facile à suivre lorsqu'on n'a qu'un enfant, car on ne risque pas d'être distrait par les autres. Cela dit, les parents ne doivent pas se comporter en mauviettes. Sachez que l'enfant ne sera pas traumatisé si vous terminez la discussion en déclarant que vous ne l'emmènerez pas au parc s'il persiste à vouloir allumer le téléviseur.

Susan Newman, psychologue, affirme : « Beaucoup de parents préfèrent expliquer la situation en long et en large à l'enfant : "Bon, maintenant, Liza, tu dois comprendre que…" au lieu de simplement lui dire "Tu ne dois pas me parler sur ce ton" ou "Je suis occupé, attends que j'aie terminé mon travail." Les gens qui n'ont qu'un enfant ont souvent l'impression qu'ils doivent absolument discuter à fond des motifs qui ont poussé ce dernier à assommer son meilleur ami ou à répliquer à sa grand-mère. Si vous êtes tenté d'adopter cette démarche, souvenez-vous que les parents qui ont plusieurs enfants sont contraints d'instaurer des règles et de réclamer l'obéissance. »

La discipline est un long cheminement et les parents doivent être patients. Francine Lee, psychothérapeute, explique que beaucoup de ses clients qui n'ont qu'un enfant ont du mal à le discipliner, car ils ont l'impression que les mesures qu'ils adoptent à la maison devraient être instantanément efficaces, peut-être parce qu'ils attendent trop de leur enfant.

«J'ai expliqué à Félix qu'il ne serait pas autorisé à jouer avant d'avoir terminé ses devoirs. Mais il a fallu que je le lui répète cinq fois. Ensuite, il conteste. Pourquoi ne m'écoute-t-il pas la première fois?»

Des règles claires

Il est possible que Félix n'obéisse pas du premier coup parce qu'il n'a pas compris la nécessité de la règle en question ou parce qu'il n'est pas assez informé des conséquences de la désobéissance. Nous attendons de notre enfant unique qu'il saisisse tout du premier coup, parce que nous lui consacrons beaucoup de temps. Mais, quel que soit son âge, le suivi est essentiel. Il ne faut pas le laisser détourner la conversation ni lui permettre de négocier. La discipline ne naît pas spontanément et il nous incombe de l'imposer. Voici un cheminement que vous pourriez suivre, quel que soit l'âge de votre enfant. Les règles et explications évolueront, mais la structure restera la même.

- *Les règles doivent être parfaitement claires.* Pour que votre fils de quatorze ans puisse sortir le samedi, il doit avoir terminé ses tâches ménagères: vider le lave-vaisselle, nettoyer et ranger sa chambre, sortir les poubelles, promener le chien et nourrir le chat.
- *Expliquez le pourquoi des règles:* «Nous ne pouvons pas tout faire nous-mêmes, parce que nous travaillons toute la semaine et que nous sommes fatigués le soir. Ton aide est précieuse et nous t'en sommes reconnaissants. Nous devons collaborer, sinon rien n'ira plus.»

- *Décrivez le problème :* «Nous sommes obligés de te harceler pour que tu fasses ton travail dans la maison. Le chat est affamé, ta chambre est sens dessus dessous, le lave-vaisselle déborde.»
- *Énoncez les conséquences de la désobéissance :* «Si tu n'es pas capable d'assumer tes responsabilités à la maison, comment pouvons-nous croire que tu seras raisonnable avec tes amis? C'est pourquoi nous avons décidé que tu passeras chaque week-end à la maison ce mois-ci.»

Angèle, dix ans, ne prend pas son travail scolaire au sérieux. Elle perd des feuilles, oublie de faire ses problèmes de maths, et ses devoirs sont incomplets. Ses parents avaient pourtant établi des règles strictes : pas de télévision, pas d'ordinateur, pas de jeux vidéo durant la semaine, jusqu'à ce que les devoirs soient terminés. Malheureusement, les adultes ont eu des problèmes professionnels et Angèle en a profité. Au lieu d'assumer ses responsabilités, elle s'est laissée aller. Un jour, ses parents ont reçu un appel de son institutrice, inquiète des mauvais résultats de l'enfant.

Les parents savaient bien qu'ils n'avaient pas assez surveillé Angèle récemment, mais ils s'attendaient à ce qu'elle assume ses responsabilités. Déçus, ils ont supprimé ses privilèges jusqu'à ce que la situation revienne à la normale. Elle n'a plus été autorisée à regarder la télé ni à envoyer des courriers électroniques à ses amies durant la semaine, pas même après ses devoirs. En outre, les parents lui ont demandé de faire un plan de tous ses travaux et de le faire signer chaque jour par l'institutrice. Ils ont tenu bon et ne se sont pas laissé intimider par les récriminations de leur fille. Comme ils n'ont fait qu'appliquer des règles établies, Angèle a compris que les limites étaient justes et qu'elle perdrait ses privilèges si elle n'obéissait pas. Les parents ont agi vite et de manière cohérente. Angèle a compris qu'elle devait les prendre au sérieux.

Enfants et décisions : pourquoi pas ?

Il faut laisser les enfants uniques prendre certaines décisions, mais cela doit rester un privilège et non devenir un droit. « Les jeunes enfants sont capables de prendre des décisions à leur échelle, affirme la psychologue Nina Asher. Un bambin ne doit pas décider du nombre de sucreries qu'il mangera, mais on devrait pouvoir le laisser choisir entre une glace et un gâteau. Il nous incombe de définir clairement les possibilités et de nous y tenir. (...) Si les parents fixent très tôt des règles, les enfants uniques trouveront le moyen de mettre ces limites à l'épreuve, de prendre eux-mêmes certaines décisions alors que les parents demeurent aux commandes. »

Rosemarie est une enfant unique de huit ans, extrêmement active. Elle suit des cours de patinage, de tennis et de danse classique. Toutes ces activités ont lieu le week-end. En plus, elle aimerait jouer au football. Pour ce faire, sa mère lui a expliqué qu'elle devait abandonner un de ses autres loisirs. C'est à Rosemarie de choisir. Il s'agit là d'une décision tout à fait appropriée pour une enfant de son âge. En revanche, il ne serait pas judicieux de la laisser jongler avec ses multiples activités. Une gamine de huit ans ne possède pas la maturité nécessaire pour organiser un tel emploi du temps. Mais elle est assez grande pour décider de la manière dont elle veut occuper ses heures de loisir.

Martin, douze ans, se querelle avec sa mère : il voudrait passer la journée de samedi au centre commercial avec ses amis, puis il aimerait que ceux-ci viennent dormir à la maison. Sa mère dit que ce sera l'un ou l'autre, mais pas les deux. Il devra choisir, car il doit remettre un compte rendu la semaine suivante et il n'a même pas terminé la lecture du livre en question. À cet âge, les enfants ne parviennent pas encore à trier les activités prioritaires. Livré à lui-même, Martin choisirait sans doute d'aller au cinéma samedi, de passer la nuit chez un ami et d'aller au parc d'attractions dimanche.

Les adolescents à la recherche de leur identité n'ont peur de rien. Mais les enfants uniques, particulièrement doués pour négocier et manipuler, n'accepteront le refus que s'il est accompagné d'excellentes raisons. Il faut donc les faire participer à l'instauration de la discipline (mais non au choix de la punition!) et aux décisions importantes. S'ils ont l'impression que leur opinion compte, ils seront plus enclins à respecter les règles.

Julie, enfant unique de quinze ans, adore la musique *heavy metal* et a adopté un style vestimentaire rock et gothique. Ses cheveux, son vernis à ongles et son fard pour les lèvres sont noirs. Ses parents, plutôt conformistes, en perdent leur sang-froid. Par ailleurs, Julie réussit très bien à l'école, mais elle se fait un plaisir de provoquer ses parents. Ils rêvent de la voir porter du bleu et de l'entendre écouter ne serait-ce que du rap. Julie n'a pas encore de piercing, mais ce n'est qu'une question de temps. Ces dernières années, les querelles familiales ont principalement porté sur les vêtements et le maquillage. Les parents ont toutefois déclaré forfait et Julie a le droit de s'habiller de clous, de chaînes et de cuir sans que cela engendre des conflits à la maison. Mais les parents donneront une fête pour les noces d'or des grands-parents et ont donné à Julie un ultimatum : soit elle laisse tomber le look Dracula pour la soirée, soit elle reste seule à la maison.

Julie ne comprend pas pourquoi sa famille ne veut pas l'accepter telle qu'elle est. Si ses parents l'aimaient vraiment, ils ne se soucieraient pas de son apparence. Toutefois, ceux-ci ont expliqué que les grands-parents seraient offusqués si Julie débarquait à la fête vêtue comme pour une soirée d'Halloween. Ils lui ont donc lancé cet ultimatum tout en précisant qu'il ne s'agit pas d'une punition, mais plutôt d'une bonne occasion d'apprendre que, pour faire plaisir à une personne que nous aimons, nous devons parfois faire des choses que nous n'avons pas envie de faire. Julie a donc décidé de venir à la fête sans maquillage et vêtue d'une simple robe noire. Elle a également

accepté l'idée de se vêtir normalement chaque fois qu'elle serait invitée à une fête de famille. Étant donné que les enfants uniques ont
généralement un caractère bien trempé, la tactique s'est révélée très
efficace auprès de Julie. Elle a eu l'impression d'avoir voix au chapitre.
Elle a ensuite toujours respecté ses engagements.

La discipline et les jeunes enfants

Vous disposez de plusieurs méthodes pour discipliner de très jeunes
enfants.

Établissez des règles familiales

Selon votre méthode, vous pouvez faire de votre enfant unique un membre
coopératif de la maisonnée ou un petit démon de la discorde. Il serait utile
de mettre en place une série de règles familiales qui vous serviront de
position de repli le jour où vous déclarerez forfait. Vous pourrez alors dire :
«C'est la règle dans la maison, tu la connais.» Peut-être pourriez-vous
envisager de faire collaborer l'enfant à l'établissement de ces règles. Ainsi,
le jour où vous devrez les appliquer, il se sentira concerné.

Toutefois, pour être pris au sérieux, les parents doivent absolument
tenir bon. Voici quelques règles qu'un jeune enfant est capable de
comprendre et que vous pourrez appliquer sans difficulté :

- C'est le soir qu'il faut choisir les vêtements du lendemain. Cela
  évitera bien des cris avant le départ pour l'école.
- À l'heure du dîner, pas de télévision. C'est un repas de famille.
- Pas de télévision les soirs de semaine non plus, car c'est le
  moment des devoirs, de la lecture ou des jeux en famille.
- Tous les jouets doivent être rangés avant de sortir, sinon pas de
  sortie.

- Ni peinture ni dessin dans la salle de séjour.
- C'est le soir qu'il faut préparer le sac pour le lendemain. Ainsi, personne n'arrivera en retard à l'école.

La transgression de ces règles devrait entraîner des punitions. Chez certains enfants, un petit séjour dans leur chambre se révèle efficace. Chez d'autres, il conviendra de confisquer un jouet favori ou d'interdire à l'enfant d'accompagner son père à la quincaillerie. Quelle que soit la punition, elle doit être immédiate et compréhensible par un jeune enfant.

Naturellement, le châtiment doit être proportionnel au délit. Si l'enfant a transformé les murs de la salle à manger en fresque, on pourrait annuler la journée à la plage. S'il oublie deux soirs de suite de ranger ses devoirs dans son sac, on pourrait lui interdire les jeux vidéo durant le week-end.

Les vertus du renforcement positif

Complimenter les jeunes au bon moment pourrait les inciter à vous écouter et à vous obéir sans que vous soyez toujours obligé de les motiver ou d'argumenter.

Danielle et Grégoire ont une fille de cinq ans, Claudine. Depuis peu, ils sont exaspérés par son comportement au restaurant. Elle se met à pleurnicher au bout de quelques minutes, frétille sur sa chaise et s'ennuie en dépit des jouets et des livres que ses parents prennent soin d'apporter. Ils ont tout essayé, menaces, retour hâtif à la maison sans dîner, etc., mais rien n'y fait. Ils ont alors pensé qu'ils commettaient peut-être une erreur en réagissant négativement au comportement de leur fille. Claudine adore les films de Walt Disney, mais n'a pas le droit d'en regarder avant l'heure du coucher, car elle ne parvient pas à s'endormir ensuite. Un soir, alors que la famille se trouvait dans un restaurant chinois, Claudine s'est levée sur sa chaise et s'est mise à chanter. Danielle lui a alors promis que si elle restait assise jusqu'à la fin du repas elle pourrait regarder un film avant d'aller se coucher. Du coup, Claudine s'est calmée. À partir de ce jour-là, lorsque l'enfant se comportait correctement au restaurant, ses parents la félicitaient et lui offraient une récompense, par exemple un tour de manège. Quelques mois plus tard, Claudine se tenait tranquille au restaurant, mais attention : ses parents la récompensaient à la condition qu'ils n'aient pas à intervenir.

Donnant, donnant

À quatre ans, notre fille aimait regarder la télévision quelques minutes chaque matin, avant de partir pour l'école. Nous n'y voyions pas d'inconvénient, mais nous avions assorti cela de quelques conditions : premièrement, elle devait d'abord s'habiller et prendre son petit déjeuner. Comme nous n'avions pas l'intention de la harceler, nous nous contentions de le lui rappeler la veille. Nous avons dû lui expliquer la situation à plusieurs reprises avant qu'elle finisse par arriver dans la cuisine tout habillée et prête pour l'école.

Votre bambin de quatre ans devrait pouvoir en faire autant. Nous avons fait comprendre à notre fille dès le départ que si elle ne respectait pas ces conditions il n'y aurait pas de télévision le matin, et nous avons tenu bon.

Désamorcez les situations explosives

Les enfants uniques, qui jouissent d'une influence énorme à la maison, ont tendance à mener les autres par le bout du nez. Leurs parents les décrivent souvent comme de petits despotes, dont le réflexe est de donner des ordres aux autres enfants.

Christian, âgé de six ans, adore tellement jouer la comédie que ses parents sont persuadés qu'il deviendra acteur. Lorsqu'il s'amuse avec ses amis, il décide des rôles que chacun doit tenir. Comme il possède une personnalité charismatique et une imagination débordante, ses amis sont enclins à le suivre. Mais de temps à autre un garçon se rebelle et c'est le drame. Les enfants qui ont des frères et sœurs savent que l'un d'eux peut perturber une séance de jeu. En revanche, les enfants uniques croient que tout se déroulera sans anicroche, selon leur volonté. Jusqu'au moment où un ami regimbe.

Un enfant unique qui se comporte en despote finira inévitablement par entrer en conflit avec ses camarades. Lorsque la situation dégénère parce que votre fils veut donner des ordres aux autres, il vous est possible de transformer le drame en leçon. Ce n'est pas en le blâmant que vous le ferez changer d'attitude ou que vous rendrez les séances de jeu plus paisibles. Si vous lui demandez: «Ne vois-tu pas ce qui se passe quand tu essaies de mener tout le monde par le bout du nez?», il sera sur la défensive. Essayez plutôt de lui demander ce qui, d'après lui, a déclenché le drame. Ainsi, il aura l'impression de participer à la résolution du problème. Laissez-le réfléchir et adopter une démarche différente. Il acquerra ainsi les qualités dont il a besoin pour se faire des amis et les garder. Contrairement aux enfants de familles nombreuses, qui sont obligés de faire des compromis à longueur de journée, les enfants uniques n'ont la possibilité de résoudre des problèmes, de partager ou de faire des excuses que lorsqu'ils sont en compagnie de leurs amis.

Encouragez votre enfant à penser aux sentiments des autres, à se demander ce que ses amis apprécieraient. La prochaine fois qu'il voudra se déguiser en héros alors que son ami préférerait jouer avec des blocs, peut-être pourrait-il laisser l'autre décider du jeu. Vous pouvez l'aider à comprendre que, en se montrant plus souple, en tenant compte des souhaits des autres, il pourrait s'amuser davantage. Peut-être découvrira-t-il aussi que, s'il cède à quelques reprises, les autres seront contents de le laisser reprendre la direction des opérations lorsqu'ils seront prêts à changer d'activité.

La discipline et les jeunes ados

Si vous avez commencé tôt à fixer des règles et à les appliquer, votre enfant aura compris, lorsqu'il approchera de l'adolescence, que vous n'êtes pas une mauviette et que votre méthode a pour but de l'aider à prendre des décisions éclairées et à se maîtriser.

Élaborez un emploi du temps

Les enfants de neuf à douze ans devraient avoir un emploi du temps hebdomadaire relativement régulier. Par exemple, entraînement de football après l'école, retour à la maison pour le goûter, devoirs, souper et coucher. Pas de télévision la semaine. Les tâches ménagères devraient être affichées visiblement, sur le réfrigérateur par exemple, ou inscrites sur un calendrier. En outre, il faut informer l'enfant des tâches et de l'emploi du temps des adultes.

Le renforcement positif... encore et toujours

Peut-être avez-vous négligé cette technique, croyant qu'elle n'était efficace qu'avec les plus jeunes. Mais les jeunes adolescents sont généralement satisfaits de constater qu'ils sont capables de prendre de bonnes décisions.

André avait toujours été un enfant décontracté. Chaleureux et affectueux, il se montrait poli et ne causait pas de difficultés à ses parents. Il y a six mois, tout a changé. Aujourd'hui, il a neuf ans et sa mère, Élisabeth, juge son comportement typique de la préadolescence. André s'énerve facilement et peut dire à ses parents : «N'entrez pas dans ma chambre !» Ou : «Ne touchez pas à mes affaires !» Parfois, il est même insolent : «Qui êtes-vous pour me dire quoi faire ?» Un jour qu'il faisait ses exercices de trombone (instrument qu'il avait lui-même choisi), Élisabeth a remarqué qu'il jouait mal. Elle lui a suggéré de lire la partition avec lui, mais son fils lui a répliqué : «Je joue comme j'en ai envie!» Élisabeth a été déconcertée par cette réaction. Une large part de sa méthode d'éducation consistait à expliquer la situation à André et à lui retirer ses privilèges en cas de désobéissance. «Il cherche à susciter une querelle pour gagner du temps, explique-t-elle. Ainsi, il n'aura pas à respecter les règles. Si nous essayons de lui expliquer pourquoi il doit faire telle ou telle chose, il refuse d'écouter. Parfois, nous en sommes réduits à lui dire: "Voici ce que tu dois faire. Si tu n'es pas content, tant pis pour toi. Tu t'exposes à telle ou telle punition."»

Une amie d'Élisabeth lui a dit qu'il est parfois plus efficace de récompenser un comportement positif que de punir un comportement négatif. Élisabeth s'est alors souvenue qu'elle avait souvent utilisé cette technique quand André était plus jeune. Elle a donc décidé de créer un calendrier spécial. Chaque fois qu'André obéissait, elle collait un cœur sur le calendrier. Au bout de trois cœurs, il avait droit à un dessert spécial. «Je sais bien que la nourriture n'est pas une forme de récompense acceptable, admet Élisabeth, mais André adore les desserts.» À la grande satisfaction des parents, la méthode s'est révélée efficace et l'enfant est redevenu aussi agréable qu'avant.

Faites-les participer

Les préadolescents ont besoin de plus d'indépendance que les jeunes enfants et n'hésitent pas à lutter pour l'obtenir. Mais ils ont aussi besoin d'un univers structuré. Par conséquent, vous devrez faire preuve de souplesse et de fermeté en même temps. Les jeunes doivent commencer à prendre certaines décisions qui les touchent de près. Laissez-leur la possibilité de faire des choix.

Hélène vit seule avec sa fille de douze ans, Sarah, qui vient d'entrer à l'école secondaire. Sarah est très populaire, mais, au lieu de retrouver ses amies chez elles, elle demande à sa mère de la déposer au cinéma et de venir l'attendre après le film. «Je lui laisse le choix, explique Hélène, entre 19 h et 19 h 30. Pendant le week-end, une demi-heure de plus ou de moins ne change pas grand-chose à ma journée, mais Sarah a l'impression d'être aux commandes de sa vie. Si elle passe la nuit chez une amie, je lui demande à quelle heure elle aimerait que je vienne la chercher : 10 h ou 10 h 30 ? Si elle doit rédiger un devoir, elle aura moins de temps si je ne passe qu'à 10 h 30, mais c'est son choix et elle devra en assumer les conséquences. »

La discipline et l'adolescence

La discipline peut revêtir une multitude de formes selon le développement de l'enfant. Si la préadolescence est un âge délicat, l'adolescence peut devenir infernale. Les parents doivent faire appel à toute leur créativité lorsqu'il s'agit de discipliner un adolescent.

Imaginez-vous en train d'ordonner à votre fils de ranger sa chambre pendant qu'il vous toise calmement du haut de son mètre quatre-vingts ! Il vous adresse un sourire ironique et tourne les talons. Ou votre fille de seize ans est sur le point de sortir, vêtue d'une chemisette que Madonna jugerait trop osée. Vous prenez votre courage à deux mains et lui ordonnez d'aller se changer, mais elle vous lance un regard dédaigneux avant de prendre la poudre d'escampette.

Les adolescents ont beau réclamer le droit d'arborer des anneaux dans le nez ou une chevelure arc-en-ciel, de se connecter à Internet ou de s'acheter un téléphone portable, ils sont encore vulnérables. Bien qu'ils rabrouent constamment leurs parents et exigent de pouvoir prendre les décisions qui les concernent, ils ne savent pas exactement ce qu'ils veulent. Leurs désirs et leurs besoins changent toutes les dix minutes. Ils ont envie d'être libres, de ne plus rendre des comptes à leurs parents, de ne plus être assujettis à leurs règles et à leurs exigences. Mais si les parents essaient de comprendre ce qui se cache derrière cette attitude, ils trouveront un enfant désireux de s'affranchir, certes, mais à la condition que les parents soient là en cas d'erreur.

Un enfant unique connaît généralement toutes les faiblesses de ses parents. Il lui est donc plus facile d'obtenir gain de cause qu'un adolescent d'une famille nombreuse. Souvenez-vous que votre enfant sait comment exploiter vos émotions. Il comprend parfaitement votre motivation et est en mesure d'interpréter toutes vos réactions.

Même si vous voulez faire participer votre adolescent aux décisions, il doit absolument comprendre que vous n'êtes ni son ami ni son camarade de jeux. Le drame se produit souvent lorsque les parents sont incapables de tenir tête à l'adolescent. Celui-ci veut faire partie de la famille, mais en même temps il la rejette. Il rechigne, il vous provoque, il vous met à l'épreuve. Seules des règles familiales vous permettront de rétablir l'équilibre.

Les règles familiales à l'intention des adolescents

Si importantes qu'elles soient pour un jeune enfant, les règles sont encore plus cruciales pour les adolescents, qui réagissent favorablement à la routine, car leur existence, à l'extérieur de la maison, est généralement chaotique. Ils voient leur corps changer de jour en jour, se querellent avec leurs amis, découvrent leur sexualité, doivent travailler d'arrache-pied à l'école et, malheureusement pour eux, sont élevés au sein d'un monde impitoyablement compétitif. C'est pourquoi la maison doit être un havre de repos. Mais attention : cela ne veut pas dire qu'ils peuvent y faire tout ce qui leur passe par la tête! Au contraire, les parents doivent tenir bon, faire respecter des règles tout en se montrant compréhensifs et en faisant participer leur adolescent à la vie de la maisonnée. Voici quelques règles qu'un adolescent pourrait facilement respecter :

- Pas d'activités après l'école, à l'exception des cours de musique ou de danse, de l'entraînement sportif, de sorties culturelles, etc.

- Pas de conversations téléphoniques avant d'avoir fini les devoirs, sauf si cela concerne l'école.
- Pas de télévision ni de connexion à Internet dans la chambre de l'enfant. Une fois ses devoirs terminés, il peut clavarder avec ses amis pendant un quart d'heure avant d'aller au lit.
- Toutes les tâches ménagères doivent être terminées avant de sortir le week-end.
- Le couvre-feu doit être respecté, mais peut faire l'objet d'une renégociation selon le type de sortie prévue. L'adolescent doit absolument prévenir ses parents en cas de retard, même léger.
- Pas de fête sans la présence d'un parent.

Noir sur blanc

Une technique efficace consiste à tout mettre par écrit : il est difficile d'argumenter quand l'entente est là, noir sur blanc. Le calendrier est aussi un moyen pratique d'inciter un adolescent manipulateur à respecter les règles et l'emploi du temps établi par les parents.

Si vous avez un adolescent, vous passez sans doute la moitié du temps à vous quereller avec lui pour des broutilles. Dès la maternelle, la plupart des enfants uniques sont capables d'argumenter et de manipuler les parents. Ils vous bombarderont de questions du genre : «Si je fais ceci, serai-je autorisé à faire cela?» Ou : «Pourquoi m'imposes-tu un couvre-feu?»; «Tu ne me laisses jamais aller nulle part!»; «Tu n'as pas le droit de m'obliger à faire ça!»; etc. Si vous vous préparez bien, vous tiendrez bon.

Alexa, fille unique de Diane et Jacques, a toujours fait la pluie et le beau temps chez elle. Mais dès qu'elle est entrée à l'école secondaire, son emploi du temps est devenu si compliqué que des querelles ont éclaté entre elle et ses parents. Entre l'entraînement de basket, les répétitions théâtrales et mille activités mondaines, Diane en perdait son latin. Alexa avait des idées bien à elle sur ce qu'elle devait être autorisée à faire. Ses parents en avaient d'autres, très différentes. Diane a fini par avoir recours au bon vieux calendrier. Elle a commencé à tout y inscrire, de sorte que les conflits d'horaire étaient faciles à repérer. Ainsi, il est devenu beaucoup plus simple de répondre aux requêtes d'Alexa. D'un coup d'œil, l'adolescente pouvait voir toutes les activités prévues pour les semaines à venir. Quant à Diane, elle a pu éviter les confusions qui aboutissaient toujours à des crises de larmes lorsqu'elle se rendait compte qu'elle avait autorisé une sortie sans se rappeler qu'une autre activité avait été organisée.

De fait, toute la famille a tiré profit de la méthode du calendrier. Alexa n'a plus jamais osé s'exclamer : «Tu m'avais dit que je pouvais aller au cinéma et maintenant tu m'annonces que j'ai rendez-vous chez le dentiste!»

N'hésitez pas à punir

Certes, le dialogue avec votre adolescent fait partie intégrante de la discipline, mais il lui arrivera de transgresser les règles. En l'occurrence, une punition immédiate s'imposera. Ne perdez pas de temps à penser à la torture mentale que vous infligez à votre malheureux enfant unique (qui mène probablement une vie de château, par rapport à votre vie à son âge). N'oubliez jamais que le parent, c'est vous.

L'une des punitions les plus efficaces est l'interdiction de sortir. Vous pouvez vous en servir pour limiter une activité qui passionne votre enfant. Marguerite, par exemple, adore le théâtre et vient d'obtenir un rôle important dans une pièce à l'école. Malheureusement, elle a également obtenu une très mauvaise note en mathématiques. Sa mère a compris que Marguerite n'est pas capable de trouver un équilibre entre les maths et l'art dramatique. C'est pourquoi elle lui a interdit de jouer dans la pièce. Malgré les cris et les pleurs de sa fille, la mère a tenu bon. L'adolescente a dû renoncer au théâtre jusqu'à la fin du trimestre. La punition avait pour but de lui apprendre à se plier à une certaine discipline.

Si Marguerite ne travaille pas suffisamment, elle n'aura pas le droit de s'amuser. Pour qu'un adolescent soit autorisé à se divertir, il doit assumer ses responsabilités. Peut-être maudira-t-il ses parents, mais au moins il apprendra à établir des priorités.

Comment éviter de vous torturer mentalement

Voici quelques conseils pour discipliner votre adolescent :

- Respectez la différence entre discipline et punition. La seconde ne s'impose que lorsque la première a été bafouée.
- Les règles doivent être claires et raisonnables, comme les conséquences de la désobéissance. Si vous vous laissez intimider, toute la famille en pâtira.
- Fixez des règles familiales et faites-les respecter, mais sachez que vous n'instaurerez pas la discipline du jour au lendemain.
- Parents et enfants ne sont pas égaux. Nous avons des privilèges qu'ils n'ont pas. Eux aussi devront gagner les leurs.
- Récompensez la bonne conduite.
- Modifiez les règles familiales à mesure que l'enfant grandit, quand il peut assumer de nouvelles responsabilités.
- Ne cédez pas et n'oubliez jamais que votre adolescent, qui semble avoir été kidnappé par des extraterrestres, vous sera un jour rendu !

TEST D'AUTOÉVALUATION
La discipline vous fait-elle peur ?

- Préféreriez-vous être condamné à lire tous les soirs pendant dix ans un roman ennuyeux plutôt que de refuser un privilège à votre enfant ?

- Accomplissez-vous les tâches ménagères de votre enfant à sa place parce que vous ne supportez pas d'avoir à le harceler?
- Cédez-vous à votre enfant qui veut rentrer tard le soir parce que l'idée de devoir vous battre encore une fois vous est insupportable?
- Craignez-vous que votre enfant vous déteste si vous lui refusez quelque chose?
- Êtes-vous incapable de fixer des règles et des limites concrètes parce que vous craignez de passer pour un tyran?

Si vous avez répondu par l'affirmative à ces questions, la discipline vous fait peur. Mais sachez que plus vous participerez à la vie de votre adolescent, plus il vous sera facile d'instaurer des limites et moins il essaiera de s'y opposer. Ne passez pas des nuits blanches à vous torturer, ne craignez pas de perdre son affection. Faites-lui comprendre que vous ne serez pas toujours d'accord avec lui; rappelez-lui que vous n'êtes pas de la même génération. Votre conception de la vie n'est pas forcément la sienne. Mais vous partagez des valeurs familiales, notamment l'amour et le respect.

Souvent, les parents ont peur de discipliner leur enfant unique parce qu'ils se sentent coupables de n'en avoir qu'un. Malheureusement, ce sentiment les conduit à tolérer chez l'enfant le manque de respect et les tentatives de manipulation. Au chapitre suivant, nous examinerons ce sentiment de culpabilité et quelques moyens d'y remédier.

CHAPITRE QUATRE

LA SURCOMPENSATION

> Je me sens perpétuellement coupable de n'avoir qu'un enfant. Je suis sûre que mon fils souffrira plus tard d'être enfant unique. Je ne sais pas pourquoi, mais tout ce que je demande, c'est que tous ses désirs soient comblés. Par-dessus tout, je déteste qu'on me pose des questions du genre : «Et le prochain, c'est pour quand ?» Ou : «Ne crains-tu pas que ton fils soit trop gâté et devienne égoïste en grandissant ?»

Au chapitre un, nous avons discuté des excès de gâteries ou d'attention qui traduisent l'incapacité des parents à maîtriser leur générosité envers leur enfant unique, ce qui engendre culpabilité et surcompensation. Cela dit, la plupart des parents gâtent leur enfant unique parce qu'ils en ont les moyens et que cela leur fait plaisir. Ils ne se sentent pas forcément coupables de n'avoir qu'un enfant.

Quant aux parents qui se culpabilisent, ils réagissent souvent à la désapprobation générale, aux pressions familiales et à d'autres facteurs par un comportement malsain. Par exemple, ils offriront à l'enfant une existence dorée en satisfaisant tous ses caprices ou en jouant le rôle du frère ou de la sœur qui manque à la famille. Ces parents ont tendance à gâter l'enfant sur le plan matériel ou émotionnel : ils sont prêts à tout pour se déculpabiliser.

Les gens qui n'ont qu'un enfant pour des raisons physiologiques se reprochent souvent de ne pas en avoir adopté, de ne pas se lancer dans le traitement de l'infertilité, de ne pas avoir commencé plus tôt à procréer, etc. Le parent sans conjoint se sentira coupable de travailler beaucoup. D'autres sont très heureux de n'avoir qu'un enfant jusqu'au jour où on leur fait comprendre que quelque chose cloche chez eux. Ils « auraient dû » en avoir plus d'un. La moitié des lettres que nous recevons à la rédaction d'*Only Child* évoquent ce sentiment de culpabilité et aussi l'ostracisme dont sont victimes beaucoup de parents d'enfants uniques.

Nous avons vu que 20 % des jeunes, aux États-Unis, sont enfants uniques. Et pourtant, l'opprobre commence à peine à s'estomper. Dans les régions rurales, les couples qui n'ont qu'un enfant ne sont pas seulement considérés comme bizarres, mais aussi comme de mauvais parents qui ont privé leur enfant d'un frère ou d'une sœur.

Voici quelques-unes des causes du sentiment de culpabilité qui pourraient aboutir à une surcompensation matérielle ou émotionnelle :

- Les parents se reprochent de n'avoir qu'un enfant.
- Les parents qui travaillent tous les deux, les parents célibataires ou les couples divorcés qui ont la garde partagée de l'enfant se sentent coupables de ne pas consacrer davantage de temps à l'enfant.
- La famille, les amis, voire l'enfant lui-même, font comprendre aux parents qu'ils sont anormaux.

Désireux de passer pour des gens «normaux», les parents s'efforcent de combler ce qu'ils perçoivent comme des lacunes. Ainsi, prisonniers d'un sentiment de culpabilité injustifié, ils n'en finissent plus de gâter leur enfant.

La culpabilité et la surcompensation : des exemples

Les parents d'enfants uniques semblent particulièrement doués pour s'ensevelir sous les reproches. Ils se torturent en permanence pour se faire pardonner ce qu'ils considèrent comme une erreur terrible : n'avoir eu qu'un enfant.

Marie a un garçon de sept ans. Elle ne peut pas avoir d'autres enfants et se tourmente de culpabilité : elle a peur que son fils devienne solitaire et malheureux. Elle veut qu'il profite de son amour et de tout ce qu'elle peut lui offrir matériellement, et pourtant elle a l'impression que rien ne suffit à assurer le bonheur de son fils. Au lieu de créer un milieu dans lequel il pourra s'épanouir, Marie passe des heures à ressasser la seule chose qu'elle est incapable de lui offrir. L'adoption est hors de question : son époux ne se sent pas capable d'élever un enfant dont il ne serait pas le père biologique.

Marthe, quarante-six ans, et son mari ont attendu longtemps avant d'avoir des enfants. Le premier leur a apporté de grandes joies, mais les grossesses suivantes se sont terminées par des fausses couches. Il est certain, maintenant, qu'ils n'auront qu'un enfant. D'un côté, Marthe est contente de pouvoir consacrer tout son temps à sa fille, mais, d'un autre côté, elle est déprimée lorsqu'elle apprend qu'une de ses amies est enceinte. «Je crois que j'en souffre plus que mon mari ou que ma fille, reconnaît-elle. Parfois, j'ai l'impression que je suis la seule mère d'un enfant unique sur la planète. Je me dis souvent que quelque chose ne tourne pas rond chez moi, parce que je ne suis pas prête à tout pour avoir d'autres enfants.»

Emma et Daniel ont décidé de n'avoir qu'un enfant parce qu'ils sont très pris. Daniel est directeur artistique et Emma, dessinatrice de mode. Ils voulaient des enfants, mais aucun des deux n'était prêt à mettre sa carrière en veilleuse. Par conséquent, un enfant unique semblait être la solution idéale. Ils ont réussi à équilibrer les exigences de la vie professionnelle et l'éducation de leur fille, Alice. Ils n'ont jamais regretté leur décision, jusqu'au jour où Alice a eu dix ans. «Soudain, dit Emma, je me suis sentie coupable de l'avoir privée d'un frère ou d'une sœur. Nous aimons notre mode de vie, nous avons suffisamment de temps et d'argent à consacrer à Alice et à nos champs d'intérêt. Mais, pour une raison quelconque, j'ai commencé à m'imaginer que ma fille aurait dû avoir quelqu'un avec qui partager ses secrets. Peut-être avons-nous été trop égoïstes.»

Il est regrettable que ces parents se sentent inférieurs parce qu'ils n'ont pas pu avoir d'autres enfants. Dès lors, ils risquent de transmettre ce sentiment de culpabilité à l'enfant ou de le considérer comme un être fragile, incapable de survivre à l'absence d'un frère ou d'une sœur. En réalité, les enfants uniques élevés dans des familles réalistes et chaleureuses s'entendent très bien avec les adultes comme avec leurs camarades. Mais lorsque les parents se sentent coupables, ils ont beau vivre dans l'harmonie, cela ne leur suffit pas. Ils ne peuvent s'empêcher de penser qu'ils sont anormaux et de se torturer pour compenser ce qu'ils croient être une énorme perte. Pourtant, l'enfant unique se fera des amis ou rencontrera des cousins et cousines avec qui il partagera ses secrets. Si romantique que soit l'idée de frères et sœurs très liés, elle n'est pas réaliste. Au demeurant, beaucoup d'adultes s'aperçoivent que, en grandissant, ils n'ont pas grand-chose en commun avec leurs frères et sœurs et qu'ils ne les auraient jamais choisis comme amis.

Un emploi du temps trop chargé

La surcompensation revêt parfois la forme d'un emploi du temps trop chargé : école, sports, voyages, etc. Les parents veulent absolument offrir tout ce qu'il y a de mieux à l'enfant et veulent qu'il devienne le meilleur en tout. Ils se sentent si malheureux pour lui qu'ils l'étouffent d'attention ou l'inondent de biens matériels.

Sophie et François, par exemple, ont une fille de huit ans, Patricia. Ils ont choisi de n'avoir qu'un enfant, pour des raisons financières et parce que cela leur suffisait sur le plan affectif. Bien qu'ils aient pris cette décision en toute connaissance de cause, la société les harcèle. « Les gens vont jusqu'à me répéter que c'est un péché de n'avoir qu'un enfant, dit Sophie. J'ai des amis qui en ont deux ou trois et sont prêts à tout pour passer le moins de temps possible avec eux. Au contraire, nous apprécions beaucoup les moments que nous consacrons à notre fille. Je crois que les gens devraient réfléchir un peu avant de critiquer les familles qui n'ont qu'un enfant. »

Sophie essaie de ne pas se laisser influencer par les commentaires d'autrui et elle cherche à désamorcer les critiques en magnifiant les qualités de Patricia. L'enfant suit des cours de violon, de danse, de tennis et de football. Sophie estime que le temps qu'elle consacre à cultiver les champs d'intérêt de Patricia témoigne de son dévouement et prouve que sa fille, loin d'être inadaptée, est populaire et talentueuse. Elle espère secrètement que Patricia deviendra une violoniste de renom ou une excellente joueuse de football qui recevra des bourses à l'université.

Patricia a choisi ses activités et y prend plaisir. Sophie comprend toutefois que sa fille a un emploi du temps trop chargé. « Je sais que j'en fais trop pour elle, mais je veux que les gens se rendent compte à quel point elle est extraordinaire. Il m'arrive de la pousser trop fort, parce que je suis entourée d'amis et de parents qui suscitent en moi un terrible sentiment de culpabilité. »

La surprotection émotionnelle

Nous l'avons vu, même les parents qui ont fait d'immenses efforts pour avoir un enfant ne se satisfont pas d'avoir réussi. Au lieu de se réjouir d'avoir survécu aux traitements de l'infertilité et d'avoir surmonté la honte et l'opprobre, ils se reprochent de n'être pas des machines à procréer. Alors ils s'efforcent de faire vivre leur enfant dans le cocon le plus confortable possible.

Par exemple, Roberta, architecte, et son époux, Jacques, analyste financier, ont beaucoup lutté pour donner naissance à leur fils, Grégoire. Pendant des années ils ont suivi des traitements, de sorte que, lorsque Grégoire est apparu, ils ont crié au miracle. Lorsqu'il a eu quatre ans, les parents ont décidé d'avoir un autre enfant, mais ni l'un ni l'autre n'avait le courage d'endurer une deuxième fois les traitements, alors ils ont songé à l'adoption. Toutefois, après avoir calculé ce que cela leur en coûterait, sans compter le temps nécessaire aux démarches, ils ont renoncé.

Au cinéma, l'histoire aurait une fin hollywoodienne : les parents et l'enfant joueraient au ballon sur la plage, heureux et comblés. Mais l'avenir leur réservait de mauvaises surprises. Aujourd'hui, Grégoire a sept ans et Roberta ne parvient pas à se débarrasser de son sentiment de culpabilité. Elle se reproche de n'avoir pas réessayé le traitement par fécondation in vitro et d'avoir renoncé trop vite à l'adoption. Se jugeant lâche et faible, elle est persuadée que son fils souffre de ne pas avoir de compagnon et elle craint qu'il ne reste solitaire toute sa vie.

Jacques, en revanche, est plus réaliste. Il se sent un peu coupable d'avoir renoncé à adopter un enfant, mais il essaie de faire comprendre à Roberta que Grégoire est tout à fait équilibré et qu'il sera heureux, pour peu qu'ils cessent de vouloir lui offrir une vie parfaite. Roberta a l'impression d'avoir trompé Grégoire et s'efforce de favoriser son bonheur en éliminant toute possibilité d'échec de sa vie.

Avant que l'enfant trouve la solution d'un problème, sa mère est là pour le faire à sa place. Jacques essaie de contrer les efforts de sa femme dans la mesure du possible. Si Roberta insiste pour faire les devoirs de Grégoire à sa place, Jacques lui recommande au contraire de le laisser se débrouiller. Du coup, Grégoire se sent étouffé. S'il se querelle avec un ami ou s'il commet des fautes au football, sa mère est là pour le consoler. Elle va jusqu'à téléphoner aux autres parents pour que tous résolvent ensemble le différend qui oppose leurs enfants. Naturellement, elle s'inquiète du bien-être de Grégoire en classe et de sa sécurité lorsqu'il joue dehors.

Ce manque de confiance de Roberta a fait de Grégoire un enfant hésitant, qui évite les affrontements et fond en larmes dès qu'il a un problème à l'école ou avec ses amis. Il est incapable de trouver une solution par lui-même parce que sa mère, malgré ses bonnes intentions, ne le laisse pas assez libre. Le comportement de Roberta découle de son sentiment de culpabilité. Malheureusement, le résultat est exactement l'inverse de ce qu'elle souhaiterait. Elle est persuadée qu'elle a volé le bonheur de son fils en ne lui donnant pas de compagnon, mais en réalité ce sont la culpabilité et la surcompensation qui empêchent Grégoire d'être lui-même.

En quête de frères et sœurs d'appoint

Les parents qui se sentent coupables de n'avoir qu'un enfant en font souvent le stéréotype de l'enfant unique : dépendant, introverti et peu sûr de lui.

Certains parents consacrent un temps et une énergie inimaginables à trouver des compagnons de jeux pour leur enfant unique. Malheureusement, ils ne comprennent pas pourquoi les autres familles n'accordent pas à cela autant d'importance qu'eux. Par exemple, Lara, mère adoptive de Benjamin, ne peut pas se permettre d'adopter un autre enfant, car elle n'a pas d'emploi. Le sentiment de culpabilité la ronge et elle en parle avec franchise : « Mon mari estime que je me fais trop de souci. J'ai l'impression de passer mon temps à téléphoner à droite et à gauche pour implorer les parents de laisser leurs enfants venir jouer avec Benjamin. Mais tous les bambins du voisinage ont des frères et sœurs et ne peuvent pas venir tous les jours. Aussi curieux que cela paraisse, je suis à la recherche d'un compagnon de jeu pour notre fils. »

Ces efforts pour remédier à la « solitude » de Benjamin risquent de se répercuter sur l'équilibre psychologique de l'enfant. À force d'entendre sa mère supplier les gens de lui envoyer leurs enfants, il pourrait s'imaginer qu'il est véritablement solitaire, délaissé ou différent des autres. Pourtant, comme tous les enfants, Benjamin s'amuse seul de temps à autre. Sa mère s'efforce de combler ce qu'elle considère comme un vide, mais ses efforts risquent en fait de l'empêcher de se faire des amis.

Les enfants uniques ont une imagination débordante et n'ont généralement aucun mal à se faire des amis. En fait, ils accordent beaucoup de valeur à l'amitié et, encouragés par leurs parents, peuvent nouer des relations durables. Même les frères et sœurs ne jouent pas ensemble toute la journée. En réalité, l'idée de trouver un compagnon à son fils naît du sentiment de culpabilité qui habite Lara.

Certains parents se sentent coupables, certes, mais sont aussi capables de se maîtriser. Par exemple, Karine et Ronald ont compris où risquait de les entraîner la surcompensation. Karine avait coutume de se mettre en quatre pour inviter des enfants à la maison ou faire inviter ailleurs son fils, Jérémie, âgé de onze ans. Dès que Jérémie eut deux ans, sa mère se mit à vouloir l'occuper toute la journée en invitant des enfants pour l'après-midi. Mais à huit ans, Jérémie voulut choisir ses amis et passer du temps seul. « J'en étais parfois gêné, se souvient-il, ma mère faisait tant d'efforts pour me procurer de la compagnie. » Jérémie se rendait compte que certains enfants n'étaient pas là par plaisir, mais simplement parce que les parents les y avaient contraints. Certains jours, il avait envie d'aller se promener tout seul sur sa planche à roulettes. «Je sais que ma mère faisait tout pour me faciliter la vie, mais ce n'était pas ce que je recherchais. Je voulais choisir moi-même mes amis et m'amuser à ma façon.»

«Nous avons fait de notre mieux pour Jérémie parce que nous nous sentions coupables de ne pas lui avoir donné un frère ou une sœur, explique Karine. Nous voulions lui offrir une vie de rêve, mais nous aurions dû savoir que nous n'étions pas là pour éliminer tous les obstacles, mais plutôt pour l'aider à trouver lui-même les solutions. Jérémie nous demande parfois de le laisser se débrouiller. Nous avons tendance à le surprotéger, mais nous faisons des efforts pour lui permettre d'acquérir son indépendance.» Aujourd'hui, Jérémie a des amis très différents les uns des autres et s'entend avec presque tout le monde. Ses parents ont compris que, lorsqu'il est seul, ce n'est pas parce que les autres le délaissent, mais bien parce qu'il a envie de solitude.

Karine et Ronald reconnaissent leur sentiment de culpabilité et savent qu'ils ont tendance à surprotéger leur fils. Ils ont appris à se maîtriser, de manière à se comporter en parents équilibrés. Aujourd'hui, ils permettent à Jérémie de se lier avec d'autres enfants.

La présence ou les présents?

Comme nous l'avons vu au chapitre un, offrir à l'enfant des montagnes de jouets ou organiser des fêtes et des voyages spectaculaires sont des moyens, pour certains parents souvent absents, d'atténuer le sentiment de culpabilité. S'ils avaient plusieurs enfants, ils ne se dépenseraient pas autant et ne se sentiraient pas obligés d'offrir à l'enfant de multiples cadeaux qui, ils s'en rendent parfaitement compte, ne sont ni nécessaires ni même désirés.

Les parents de Marie ont divorcé lorsqu'elle avait sept ans. Aujourd'hui, à vingt-quatre ans, elle se remémore son enfance avec plaisir, certes, mais aussi avec une certaine amertume. Le divorce s'est assez bien déroulé et les parents ont partagé la garde de Marie, mais la mère, Jessica, une avocate, consacrait peu de temps à sa fille et en ressentait de la culpabilité. Marie sourit lorsqu'elle se remémore la manière dont sa mère essayait de compenser son absence. Jessica faisait de chaque fête, chaque anniversaire, une mégaproduction.

«Nous allions jusqu'à fêter la Saint-Patrick même si nous ne sommes pas de souche irlandaise, se souvient Marie. Lorsque je me réveillais le matin, l'escalier était jonché de pièces de monnaie en papier. Je suivais cette piste dorée jusqu'à la salle à manger où la table était recouverte de cadeaux. Le jour de la Saint-Valentin, ma mère dessinait un arbre aux branches duquel étaient suspendus des présents et des chocolats. Quant à Noël et à Pâques, je ne pourrais même pas vous les décrire!»

Marie, comme la plupart des enfants, appréciait les cadeaux, mais elle ne voyait pas le lien entre eux et les absences fréquentes de sa mère. Elle avait toutefois le sentiment que quelque chose clochait, car elle n'observait le même phénomène chez aucun de ses amis. Chez son père, la situation était inversée: il ne lui offrait pratiquement rien, mais en revanche il lui accordait toute son attention. «Je comprends maintenant que le comportement de ma mère était davantage motivé par la culpabilité que par l'affection. Naturellement, j'aurais préféré passer plus de temps avec elle et l'idée qu'elle n'était pas heureuse m'attriste. Encore aujourd'hui, elle m'envoie d'énormes colis à Pâques ou à la Saint-Valentin. J'imagine qu'elle se sent encore coupable, mais je ne peux pas discuter de cela avec elle.»

Marie n'avait ni frère ni sœur et ne pouvait pas aborder cette question avec son père non plus, car elle ne voulait pas paraître ingrate aux yeux de sa mère. Elle craignait aussi d'attiser des querelles entre ses parents. Par conséquent, elle a accepté les cadeaux mais rejeté le sentiment de culpabilité dans lequel ils étaient emballés.

Dans les familles nombreuses, il arrive que les parents soient aussi peu présents que Jessica en raison des exigences de leur travail. En l'occurrence, la surcompensation devient extrêmement coûteuse. Imaginez les fêtes organisées par Jessica pour Marie, multipliées par deux ou trois. Entre toutes les familles nombreuses que je connais, je n'en vois aucune qui se livre à des manifestations aussi extravagantes. Ces parents, même s'ils sont très occupés et souvent absents, comptent sur le fait que les enfants se tiennent mutuellement compagnie. Et ils ont raison.

Des réactions excessives à des problèmes ordinaires

Les parents absents ont parfois tendance à faire irruption dans des domaines qu'ils ne connaissent guère. C'est ce que j'appelle des «parents à impulsion». En d'autres termes, ce sont des gens qui réagissent de manière excessive à ce qui se passe dans la vie de leur enfant.

Par exemple, imaginons qu'ils n'aient guère prêté attention aux résultats scolaires de l'enfant. Un jour, celui-ci revient à la maison avec une mauvaise note en maths. Soudain les parents décident qu'il faut absolument intervenir. Au lieu de suivre de près les progrès de l'enfant pour déceler les difficultés, ils constatent tout à coup que la situation est grave. Après avoir appelé le professeur et engagé un tuteur pour faire rattraper son retard à l'enfant, ils retournent au bureau, satisfaits d'avoir joué leur rôle de parents. Ils ont appliqué un pansement sur la plaie, ce qui leur a permis d'atténuer momentanément leur sentiment de culpabilité. Mais en général ils ne réussissent qu'à embarrasser l'enfant en le mettant sur la sellette, qu'à accroître son anxiété et à susciter en lui de la rancune à leur égard.

L'enfant unique est parfaitement conscient de son importance au sein du trio familial. Étant donné qu'il n'a ni frère ni sœur pour détourner l'attention des parents, il devine parfaitement ce qui se passe dans leur tête. Lorsque papa et maman s'énervent parce qu'il a eu une mauvaise note, il voit bien qu'ils jouent leur rôle de parents dans les moments critiques seulement. L'enfant comprend peut-être aussi que les réactions impulsives des parents sont provoquées par le sentiment de culpabilité.

Nicolas et Catherine sont tous deux médecins. Leur fils, Louis, a été élevé par une nourrice qui vit avec eux depuis sa naissance. Les parents se sentent coupables de ne pouvoir rentrer à la maison avant le dîner de Louis. Et puis c'est la nourrice qui s'occupe des devoirs. «En général, nous étions présents lorsque la situation se dégradait, mais pas de manière régulière, se souvient Nicolas avec une certaine tristesse. Ce n'est pas ce que nous aurions désiré, car nous aimons notre fils.»

Lorsque les résultats de Louis étaient médiocres ou qu'il se querellait avec un enseignant ou un ami, les parents se hâtaient d'intervenir. «Le mois dernier, il a eu une mauvaise note en espagnol, explique Nicolas. Je n'ai pas compris pourquoi, car c'est une matière dans laquelle il est très fort. Au lieu de repasser son examen avec lui, je suis monté sur mes grands chevaux. Je lui ai dit que nous étions déçus de ses résultats alors qu'en réalité nous étions surtout déçus de nous-mêmes. Nous nous sentions coupables de ne pas être à la hauteur. Nous savons que, lorsque nous agissons de cette manière, Louis se renferme dans sa coquille et cesse de nous parler.»

Après que Nicolas eut réprimandé Louis, il reçut à son cabinet un appel de la conseillère scolaire qui souhaitait s'entretenir avec les parents. Elle leur expliqua que la mauvaise note en espagnol n'était que la partie émergée de l'iceberg. En fait, tous les résultats de Louis s'étaient dégradés. L'ancien premier de classe était en chute libre. En outre, les professeurs le jugeaient dissipé. La conseillère expliqua aux parents qu'ils devaient s'occuper davantage de la vie quotidienne de l'enfant, car, à son avis, les mauvais résultats étaient un appel à l'aide. S'ils n'y prenaient pas garde, Louis risquait fort, en grandissant, de vouloir attirer leur attention par des moyens beaucoup plus destructeurs.

La rencontre fut une révélation pour les parents. Catherine décida d'engager un nouveau médecin afin de réduire son emploi du temps. Elle se mit à attendre Louis à la sortie de l'école et à vérifier tous les soirs ses devoirs. Ils essaient de dîner en famille au moins trois fois par semaine et les parents s'intéressent de plus près à la vie de l'enfant.

Les jeunes de familles nombreuses ne se préoccupent pas toujours de savoir si les parents sont présents ou non. Bien qu'ils apprécient les marques d'attention, ils peuvent se confier aux frères et sœurs, ce qui permet parfois de désamorcer la colère ou de dénouer des situations délicates. Les enfants uniques peuvent bien sûr se livrer à leurs amis, mais les amis ne sont pas toujours là au moment crucial et l'enfant doit donc résoudre seul ses problèmes, du moins pendant un certain temps.

Une réaction excessive aux exigences de l'enfant

Le sentiment de culpabilité est particulièrement douloureux lorsqu'il nous est transmis par notre enfant. Sachez par exemple que les enfants aiment à imiter leurs amis. Par conséquent, si votre fille unique a une amie qui vient d'avoir un petit frère, il est possible qu'elle vous en réclame un. Cela ne signifie pas qu'elle a réellement envie de voir entrer un nouvel enfant dans la famille, mais simplement qu'elle souhaite reproduire un modèle qui lui plaît.

Lorsque notre fille avait quatre ans, elle a soudain commencé à réclamer une petite sœur. J'étais certaine qu'elle avait surpris quelques discussions que mon mari et moi avions eues à ce sujet. D'ailleurs, je suis convaincue que l'ouïe des enfants est aussi fine que celle des chauves-souris. Par conséquent, si vous voulez avoir une discussion intime, fermez bien la porte de votre chambre ou partez en voyage.

Lorsque la meilleure amie de notre fille a eu une petite sœur, le problème s'est précisé. Elle avait cette idée dans la tête et rien n'y faisait. Je me sentais terriblement coupable et j'ai péché par surcompensation.

Je me répétais que ma fille devait se sentir seule et je m'efforçais de lui trouver des amies tous les jours dès son retour de la maternelle. Je l'ai inscrite à des cours de danse et j'ai voulu louer un piano pour lui faire donner des leçons, mais les professeurs que j'ai consultés m'ont expliqué qu'elle était trop jeune et j'ai abandonné mes projets. Toutefois, cela ne m'a pas empêchée de concocter des stratagèmes pour éviter qu'elle soit seule. Mon sentiment de culpabilité m'interdisait de la laisser s'amuser tranquillement, comme on aime le faire à cet âge.

Si Alexis avait été plus âgée, je l'aurais probablement aidée à se lancer en médecine ou en droit. Si elle n'était pas constamment occupée, j'avais l'impression d'être une mère dénaturée. Je me faisais des reproches du matin au soir. Je crois avoir souffert d'une sorte de folie qui, heureusement, s'est estompée lorsque notre fille a eu six ans et qu'elle a cessé de réclamer une sœur. Après avoir épié la relation de son amie avec le bébé, elle a décidé que, finalement, elle était plus heureuse toute seule. Notre trio lui suffisait largement. J'ai commencé à reprendre mes esprits.

Je ne crois pas avoir causé trop de dégâts durant ces deux ans, en grande partie parce que mon mari avait les idées claires et je l'en remercie. J'ignorais alors que d'autres parents vivent la même torture et la même folie. Prenons comme exemple Anna, dont le fils, Léon, voudrait un petit frère. Anna ne peut malheureusement pas avoir d'autres enfants et elle est submergée d'émotions par les requêtes de Léon. Souvent, elle examine toutes les possibilités. Elle consulte sur Internet les sites sur l'adoption, mais le couple n'a pas les moyens d'adopter un enfant. Anna envisage d'hypothéquer la maison ou, pire, de solliciter un prêt à ses parents.

Anna fait de la surcompensation et n'arrive pas à changer. Lorsque Léon réclame un petit frère, Anna se rue sur le téléphone pour lui trouver un compagnon de jeu. Parfois, elle se ruine au magasin de jouets. Le père organise une journée de pêche juste pour lui.

Un jour, un copain de Léon a eu un empêchement et Anna a télé-
phoné à tous les élèves de sa classe pour trouver un substitut, mais
en vain. Pendant ce temps, Léon la regardait d'un air attristé, en se
demandant pourquoi il était obligé de jouer tout seul. Soudain, Anna
a tout compris et elle a expliqué à son fils que désormais il devrait
parfois s'amuser seul. Il a pleuré un moment, mais Anna avait pris la
décision de ne plus le satisfaire simplement pour atténuer son propre
sentiment de culpabilité. D'ailleurs, après sa crise de larmes, Léon
s'est très bien débrouillé, seul avec ses jouets.

Anna a compris que le problème de Léon n'était pas l'absence d'un
frère, mais l'attitude de ses parents qui s'efforçaient de compenser cette
absence, dont ils souffraient plus que lui. Les sentiments de culpabilité suscités par les impondérables de la vie ou par des décisions ration-
nelles nous épuisent et nous diminuent. Quels que soient les arguments
de l'enfant, quel que soit le jugement d'autrui, les parents devraient
tout simplement se réjouir d'avoir eu un enfant. En outre, ils doivent
comprendre que certaines personnes qui les jugent sont en fait
envieuses des couples qui n'ont qu'un enfant et qui ont plus de temps
et de ressources à lui consacrer, qui entretiennent souvent une relation
plus étroite avec lui que des parents qui doivent tout diviser en trois
ou quatre.

Que peuvent faire les parents ?

Rachel et Maurice ont un enfant unique qu'ils adorent et une carrière
qui les passionne. Il y a quelques années, ils ont commencé à faire de
la surcompensation, parce que leur travail les éloignait souvent de la
maison. Leur fille, Désirée, cinq ans, leur cause aujourd'hui des problèmes. Rachel souffre de ce qu'elle appelle le «complexe de culpabilité de la mère qui travaille». Comme elle est absente durant le jour,

elle consacre toutes ses soirées et tous ses week-ends à sa fille. Rachel et Maurice passent tant de temps à jouer à la poupée qu'ils connaissent par cœur toute la garde-robe de Barbie et toutes les étapes du jeu de l'oie. Mais après toutes ces années durant lesquelles ils ont joué le rôle du frère et de la sœur de Désirée, ils n'en peuvent plus.

«Désirée est très active, explique Rachel, elle ne nous quitte pas d'une semelle lorsque nous sommes à la maison. Nous en sommes rendus au point où nous ne faisons rien d'autre que l'amuser. Nous étouffons.» Bien que Désirée ait de nombreuses amies, cela ne lui suffit pas. «Elle invite souvent des amies à la maison et elle a d'autres activités deux soirs par semaine, poursuit Rachel. Mais dès que ses amies sont reparties, elle recommence : "Et maintenant, maman, qu'est-ce qu'on fait ?" Sans compter qu'elle passe toute la journée à la prématernelle.»

Dépassés par les événements, Rachel et Maurice aimeraient rétablir un certain équilibre à la maison. Pour ce faire, ils doivent d'abord se débarrasser de leur sentiment de culpabilité. Au commencement, il serait judicieux d'apprendre à Désirée à jouer seule quelques minutes par jour. Le premier jour, cinq minutes suffiraient. Au bout d'une semaine, par plages de cinq minutes, Désirée devrait être capable de s'amuser seule une demi-heure. Si elle essaie d'attirer l'attention de ses parents, ceux-ci doivent tenir bon. Une fois que Rachel et Maurice auront compris que des enfants peuvent jouer seuls sans pour autant se sentir délaissés, Désirée acquerra de la confiance en elle et la vie de famille sera plus agréable pour tout le monde.

Si on leur laisse suffisamment de liberté pour qu'ils puissent utiliser leur imagination, les enfants uniques apprennent facilement à jouer seuls. En grandissant, ils peaufinent cette capacité. Grâce aux moments de solitude, ils se découvrent et apprennent à développer leur créativité. Plus tard, ils réussiront mieux que les autres à l'école ou au travail. Parce qu'ils auront goûté aux bienfaits de la solitude dans leur enfance, ils ne la craindront pas à l'âge adulte. Ils aimeront se retrouver seuls avec leurs pensées et sauront mettre de l'ordre dans leurs idées pour mener une vie équilibrée.

Comment éviter la surcompensation

- Ne comparez pas votre famille aux autres. Chaque famille est unique en son genre.
- Ne vous blâmez pas pour des circonstances indépendantes de votre volonté.
- Faites-vous confiance. Si vous avez pris la décision de n'avoir qu'un enfant parce que c'était ce que vous désiriez, vous avez eu raison.
- Dans les familles nombreuses, les enfants ne jouent pas toujours ensemble. D'ailleurs, au fur et à mesure qu'ils grandissent, les enfants d'une même famille peuvent très bien vivre séparément les uns des autres, voire se détester.
- Lorsque parents ou amis émettent des commentaires déplaisants sur les enfants uniques, répondez-leur : « J'estime que notre famille est parfaite. » Discutez avec eux de ce que vous savez des enfants uniques.

TEST D'AUTOÉVALUATION

Péchez-vous par surcompensation ?

- Avez-vous tendance à surcharger l'emploi du temps de votre enfant pour le tenir constamment occupé ?
- Vous sentez-vous obligé de lui trouver perpétuellement des compagnons ?

- Votre enfant est-il incapable de jouer seul parce que vous ne le laissez jamais se débrouiller? Essayez-vous de remplacer l'hypothétique petit frère ou petite sœur?
- Passez-vous chaque jour au magasin de jouets pour ne pas manquer l'arrivée du dernier jeu vidéo qui devrait atténuer la «solitude» de votre malheureux enfant unique?
- Vous efforcez-vous d'éliminer tous les chagrins de la vie de votre enfant parce que vous estimez lui avoir causé suffisamment de peine en lui refusant un frère ou une sœur?
- Avez-vous tendance à réagir de manière excessive lorsque l'enfant a un comportement qui ne vous plaît pas? Cette réaction impulsive naît-elle de votre culpabilité de n'être pas suffisamment présent dans la vie de votre enfant unique?

Si vous avez répondu par l'affirmative à l'une de ces questions, il est possible que le sentiment de culpabilité vous entraîne vers la surcompensation. Les parents qui ne sont pas obnubilés par ce qui, selon eux, manque à leurs enfants peuvent en faire des adultes confiants, aux commandes de leur vie et capables de compassion. Il nous incombe d'aider notre enfant unique à s'épanouir, certes, mais nous n'y parviendrons pas si nous sommes mal dans notre peau. Le sentiment de culpabilité détruit notre capacité de nous aimer et la surcompensation nous déprime. Elle ronge de l'intérieur le trio harmonieux que nous devrions former avec notre enfant.

La prochaine fois qu'on vous demandera pourquoi vous n'avez qu'un enfant ou qu'on vous dira que ce pauvre petit risque de devenir un adulte égocentrique et malheureux, répondez: «Notre enfant est aussi épanoui qu'on peut l'être.» Ou: «Notre famille est très heureuse comme ça, merci.» Ne vous laissez pas intimider. Ne vous sentez pas coupable. Défendez la famille que vous chérissez.

Trop de parents d'enfants uniques désirent ce qu'ils n'ont pas. Persuadés qu'il leur manque quelque chose, ils laissent le sentiment de culpabilité les envahir et croient avoir besoin de justifier leur situation en faisant de leur enfant le parangon de toutes les vertus. Ces parents, qui veulent absolument avoir l'enfant idéal, commettent le péché dont nous discuterons au chapitre suivant : ils attendent de lui la perfection.

CHAPITRE CINQ

LA RECHERCHE DE LA PERFECTION

J'ai dix-sept ans, je suis enfant unique et je termine mes études secondaires. Mes parents ont toujours cru que je réussirais mieux que les autres et je souhaite leur faire plaisir. J'ai beaucoup étudié pendant toute ma scolarité et j'ai obtenu d'excellentes notes. Mais pour mes parents, ce n'est pas assez : d'après eux, cela ne me suffira pas pour entrer dans la meilleure université du pays. J'aimerais pourtant qu'ils reconnaissent que je me donne du mal et qu'ils comprennent que je fais de mon mieux.

Un adulte devrait être doté de la maturité suffisante pour comprendre que la perfection n'existe que dans nos fantasmes ou au cinéma. Pourtant, les parents d'un enfant unique ont tendance à l'exiger de leur progéniture, au moins à certains égards. Ils attendent de cet enfant des exploits irréalistes, contrairement aux parents de familles nombreuses, dont les espoirs et les aspirations ne sont pas entièrement contenus dans un seul être adoré.

L'enfant unique fait la fierté et le bonheur de ses parents. Il est aussi leur seul legs et leur lien vers l'immortalité. C'est pourquoi ils ont peur de commettre des erreurs et qu'ils ont du mal à le considérer comme un être ordinaire. Par contre, dans les familles plus nombreuses, les parents n'attendent pas la perfection de tous leurs enfants. L'expérience leur démontre que chacun possède ses talents et sa personnalité. Si l'un d'eux a un tempérament rêveur et ne parvient jamais à retrouver ses chaussettes, l'autre en revanche est sérieux et ordonné. Un enfant sera passionné d'astronomie, tandis que l'autre s'enthousiasmera pour le cinéma. Les parents d'un enfant unique, eux, s'efforcent de créer un être qui réunira toutes les qualités et tous les talents possibles et imaginables. Un enfant unique devenu adulte l'explique ainsi: «Lorsqu'on a deux enfants, on a deux fois le droit de se vanter de leurs réalisations, mais lorsqu'on n'en a qu'un, on peut se sentir diminué.»

Notre société accorde une importance énorme à la perfection et exerce sur nous des pressions qu'il est pratiquement impossible d'ignorer. Les exemples de cette réussite parfaite nous dévisagent sans pitié dans les magazines, à la télévision, sur les panneaux publicitaires, etc. Ces gens ont tout: argent, célébrité, beauté, talent et, naturellement, la famille parfaite. Cela suffit à faire croire aux parents que, s'ils exercent assez de pression sur leur enfant unique, celui-ci se hissera un jour à la tête d'une puissante multinationale ou du service de chirurgie d'un hôpital prestigieux. Tout devrait être possible à un enfant qui reçoit la totalité de l'affection, de l'attention et des ressources de ses parents. Ayant tant investi, ils s'attendent à des résultats exagérés et risquent, ainsi que l'enfant, d'être déçus.

Les parents perfectionnistes ne se contentent pas d'espérer que l'enfant les récompensera de leurs efforts. Subtilement ou non, ils insistent pour qu'il réussisse à l'école, excelle en sport et soit toujours entouré d'amis. Ainsi, ils exercent parfois des pressions auxquelles l'enfant ne sera pas en mesure de résister.

Cela dit, les pressions ne sont pas toujours néfastes. Les enfants ont parfois besoin d'un coup de pouce et, s'ils comprennent clairement les attentes des parents, ils en tireront profit. En général, les enfants uniques sont très attentifs aux objectifs que leurs parents formulent pour eux. Il n'y a rien à redire à cela, tant que l'enfant ne se sent pas harcelé au point d'en perdre son individualité.

Comment les parents exercent-ils des pressions sur leur enfant

Certaines pressions sont subtiles, d'autres non. Certaines se manifestent par des paroles ou par l'expression physique, d'autres par des sous-entendus. Il arrive aussi que les parents soient trop présents dans la vie de l'enfant et le surveillent trop étroitement. Ses moindres gestes suscitent en eux un émerveillement qui n'aura jamais son pareil. S'ils ont un deuxième enfant, rien de ce que celui-ci fera ne les passionnera autant.

Certains parents observent leur enfant unique comme Jane Goodall ses chimpanzés. Tout ce qu'il leur faut, c'est un calepin et une caméra. Fascinés par l'enfant adoré, ils boivent les faits et gestes.

Une mère se souvient du temps qu'elle consacrait à sa fille unique : «J'avais la chance de pouvoir travailler à la maison lorsque Romy était petite. Je la regardais jouer pendant des heures. Elle avait trois ou quatre ans et j'étais fascinée par les histoires qu'elle se racontait avec ses poupées. Parfois, elle ne se rendait pas compte de ma présence. Ou tout au moins, c'est l'impression qu'elle me donnait. J'ai fait cela presque tous les jours pendant des années.»

Voilà qui semble tout à fait charmant, mais chaque médaille a son revers. Romy, aujourd'hui âgée de quatorze ans, explique qu'en dépit de l'affection dont elle se sentait entourée elle avait le sentiment d'être épiée. Bien qu'elle ait été heureuse de se savoir au centre du monde de ses parents, elle est persuadée que cela l'a rendue timorée et dépendante de l'approbation de ses parents. Maintenant qu'elle est une adolescente, elle craint de les inquiéter ou de les décevoir.

«Pour mes parents, j'ai toujours été une enfant facile, mais parfois j'ai envie de me rebeller. Ils attendent de moi la perfection. Vous savez ce que je veux dire: avoir les meilleures notes à l'école, faire mes devoirs, choisir des amis bien élevés, etc. Je me sens pourchassée. Si j'avais des frères et sœurs, ils ne m'observeraient pas de cette façon.»

Sous les feux de la rampe

Les enfants comme Romy s'exaspèrent d'être constamment l'objet de l'attention des parents. Même s'ils trouvent cela valorisant, ils peuvent devenir anxieux.

Les enfants uniques vivent sur une scène. Sous les feux de la rampe, tout peut arriver, le meilleur comme le pire. Et tout est éclairé crûment. Or un enfant qui se sait observé sans cesse pourra croire que ses parents jugent tous ses faits et gestes. Les parents, eux, sont évidemment conscients des forces et faiblesses de leur enfant et n'hésitent pas à lui donner des conseils ou à émettre des critiques lorsqu'il ne répond pas à leurs attentes. N'ayant qu'un enfant, ils ont amplement l'occasion d'analyser son comportement au microscope.

Greta est issue d'une famille de cinq enfants, mais n'en a qu'un et elle a tendance à comparer sa vie à celle de son fils. Autrefois, Greta passait souvent inaperçue et cela lui convenait parfaitement, même si, à certains moments, elle aurait voulu attirer l'attention des parents. Par exemple, lorsqu'elle se trompait au piano, personne ne s'en rendait compte en raison du bruit qui régnait dans la maison. Cela lui permettait de se lancer dans des morceaux nouveaux sans craindre les critiques de ses parents. Elle jouissait d'une liberté qu'elle a beaucoup de mal à laisser à son fils unique.

Greta et son mari semblent incapables de s'intéresser à autre chose qu'à leur fils, Maxime, âgé de dix ans. «Maxime apprend le piano et lorsqu'il se trompe je le sais. S'il refait plusieurs fois la même erreur, je le reprends sans cesse, je corrige son jeu. D'un côté, j'essaie de l'encourager, mais de l'autre, j'attends beaucoup de lui. Je ne peux pas accepter l'idée qu'il se satisfasse d'un jeu médiocre, car il est capable de faire mieux.»

Les enfants uniques ont parfois l'impression d'être des animaux de laboratoire. Julie a quinze ans. Ses parents prennent plaisir à vanter ses mérites à leurs amis et à la famille, mais elle trouve cela plutôt gênant. «Je joue au football et je pense être une bonne joueuse, mais dès que je marque un but mes parents me considèrent comme la huitième merveille du monde. C'est la même chose lorsque j'ai une bonne note. J'aimerais qu'ils cessent de le faire, parce que même si, au départ, je trouve les compliments agréables, au bout d'un moment j'ai l'impression que je ne peux me permettre la moindre erreur. Si j'avais une mauvaise note un jour, que se passerait-il?» Julie s'inquiète: bientôt, peut-être qu'il ne lui suffira plus de marquer un but ou d'obtenir une bonne note pour que ses parents soient fiers d'elle.

Alors que Julie se crispe lorsqu'elle reçoit des compliments, Simon, seize ans, a l'impression que ses parents n'ont rien d'autre à faire que de l'analyser. «Lorsque je rentre de l'école, ils m'interrogent sur ma journée. Parfois je leur réponds que tout s'est bien passé, alors qu'en réalité j'ai eu un tas de problèmes. Mais ils savent lire mes pensées et me harcèlent jusqu'à ce que je leur raconte tout. Je n'ai aucune intimité. Si je suis de bonne humeur, ils veulent savoir pourquoi. Malheureusement, parfois, je n'en ai aucune idée. Ils n'aiment pas ça, je dois absolument leur donner une raison qu'ils pourront ensuite analyser.» Julie et Simon ont tous deux l'impression de n'avoir aucun refuge, car leurs parents fouillent constamment leur vie.

Une relation qui se caractérise par une connaissance aussi approfondie de l'autre peut être extrêmement confortable ou, au contraire, aussi épineuse qu'un cactus. «Mes parents n'ont qu'à me regarder pour deviner tous mes secrets. Si je cligne des yeux, ils le remarquent et me demandent ce qui se passe.»

Catherine, enfant unique aujourd'hui âgée de dix-neuf ans, a parfois l'impression que sa vie appartient à ses parents. «Pourtant, dit-elle, j'appréciais autrefois leur attention. À l'école secondaire, je jouais dans l'orchestre et je faisais partie de la troupe de danse. Ils n'ont jamais manqué une représentation. J'étais navrée pour les élèves dont les parents ne venaient jamais et qui ne les connaissaient pas comme les miens me connaissaient. Je pouvais leur parler d'absolument tout. C'était formidable. Mais il y avait des moments où j'avais envie d'être seule. S'ils essayaient tout de même de me tirer les vers du nez, je me sentais harcelée. Il était difficile de trouver un juste milieu.»

Vivre à travers son enfant

L'une des merveilles de la procréation est de se prolonger dans son enfant, pour le meilleur et pour le pire. Même s'il a été adopté, une large part de sa personnalité sera le reflet des valeurs de ses parents adoptifs. On sait qu'il est difficile de distinguer l'inné de l'acquis. Par conséquent, que votre enfant ait ou non vos gènes, vous espérerez y voir un peu de votre image.

Nous attendons parfois trop de notre enfant unique, parce qu'il représente tout pour nous ; il est notre première et dernière chance. Nous sommes là pour lui faire connaître la réussite et pour lui éviter les erreurs, et c'est comme si nous nous regardions dans un miroir : soit nous sommes satisfaits, soit nous aimerions recourir à la chirurgie plastique.

Robert est cadre dans une compagnie d'assurances. Il a un fils unique de quinze ans qui, selon lui, ne s'affirme pas assez. «L'an dernier, José a été candidat au poste de président de l'association des étudiants, mais il n'a pas été élu, explique Robert avec mélancolie. Il ne s'est pas assez imposé et cela m'a attristé, parce que je me suis souvenu que, moi aussi, j'avais toujours tendance à me satisfaire de compromis. Si José avait été plus ferme, il aurait peut-être été élu. J'ai peur qu'il manque d'ambition. Je ne veux pas qu'il me ressemble.»

Contrairement à son père, José s'est vite remis de son échec. Néanmoins, Robert a insisté pour que José suive des cours de taekwondo pour acquérir de l'assurance et devenir plus compétitif. José a obéi, sans comprendre pourquoi son père faisait une montagne de toute cette affaire. «Je n'ai pas vraiment regretté d'avoir perdu les élections, dit-il. C'est mon meilleur ami qui a été élu et je sais qu'il fera du bon travail. Moi, j'ai eu du plaisir. Mais mon père a été catastrophé, il aurait voulu que je sois élu. Cela lui aurait fait plaisir. Malheureusement, nous ne réagissons pas de la même manière aux événements. Il se met dans un état épouvantable à propos de choses qui me paraissent tout à fait banales.»

Rose, enfant unique aujourd'hui âgée de vingt-six ans, vient de terminer une maîtrise en travail social. Son père aurait préféré qu'elle étudie l'administration. Il rêvait de faire d'elle une femme d'affaires accomplie.

«Je voulais réaliser son rêve, parce que je suis enfant unique, mais je n'ai pas pu. Ma passion, c'est d'aider les gens. Mon père est fier de moi, certes, mais quand même un peu déçu. Mes parents voulaient que je fasse des millions de choses, mais ils commencent à se rendre compte qu'il y a des limites à mes capacités.»

Beaucoup de parents rêvent à travers leurs enfants. S'ils n'en ont qu'un, ces rêves prennent des proportions épiques et rendent la vie des jeunes extrêmement difficile. Si Mathias s'intéresse aux sciences, peut-être obtiendra-t-il une bourse pour aller étudier en Europe et découvrira-t-il une nouvelle galaxie! Si Juliette est douée pour les langues, peut-être en apprendra-t-elle une dizaine, deviendra-t-elle diplomate, sera-t-elle responsable d'une paix éternelle au Proche-Orient! Mais lorsque les parents essaient d'imposer leur rêve à l'enfant, les conflits apparaissent et personne n'en sort gagnant.

Hélène, étudiante, est un bon exemple de collision entre les rêves des parents et ceux de leur enfant unique : «Ma mère a toujours voulu être actrice, mais elle n'a jamais eu le courage de se lancer. Lorsque je me suis mise à faire du théâtre à l'école, elle était si émerveillée qu'elle en a presque perdu la tête. J'avais quatorze ans quand elle m'a emmenée chez un photographe professionnel. Ensuite elle a envoyé mes photos à un agent, qui a accepté de me représenter. En fait, ma mère était plus ambitieuse que moi. Elle m'a poussée à me présenter à des auditions. Lorsque j'ai terminé mes études secondaires, elle voulait m'envoyer à l'école Juilliard, mais ça ne m'intéressait pas. Moi, je voulais étudier le journalisme et la littérature. Je suis donc allée à l'université. Encore aujourd'hui, ma mère déplore ce qui est à ses yeux une erreur. Elle me rappelle que j'aurais pu devenir une actrice célèbre, que je gaspille mon talent, etc. J'ai effectivement l'impression d'avoir échoué lorsque je l'entends se lamenter. Alors, je la tiens à distance.»

La relation entre un enfant unique et ses parents est parfois si étroite qu'il est difficile aux parents de faire la distinction entre leurs propres rêves et ceux de l'enfant. Malheureusement, ils risquent ainsi de rompre ce lien si remarquable. L'enfant qui a l'impression de n'être que le véhicule des rêves de ses parents ne jouira jamais complètement de ses propres réalisations. Il aura toujours l'impression de travailler pour ses parents au lieu d'être son propre patron.

La rivalité entre les parents

Rivalité et compétition dominent tous les aspects de notre vie. Nous sommes en concurrence pour tout, qu'il s'agisse d'un emploi ou d'une place de stationnement. Certains s'épanouissent dans ces conditions, mais qu'est-ce qui nous oblige à nous servir de notre enfant pour rivaliser avec les autres parents ?

Géraldine est mère d'une enfant de six ans. Elle avoue avoir joué le jeu de la concurrence lorsque les autres parents émettaient des commentaires du genre : «Ce sont mes enfants qui se sont le mieux adaptés à la prématernelle. Je n'ai eu qu'à y passer deux jours avant qu'ils s'y sentent comme des poissons dans l'eau.»

«Lorsque j'ai entendu cela, dit Géraldine, je me suis sentie obligée de défendre mon enfant et de prouver qu'elle était deux fois plus douée que les autres : "Ma fille adore l'école. Elle ne m'a jamais réclamée, bien que je sois restée assise à l'entrée de la classe pendant quelques jours. Elle est extraordinairement mûre et indépendante." J'exagérais un peu, mais je n'aurais pas dû me laisser entraîner dans ce jeu stupide.»

Les parents souhaitent souvent que leur enfant unique soit absolument parfait en tout, ce qui leur permettra de tenir la dragée haute aux parents qui en ont plusieurs. Il ne suffit pas qu'il s'amuse avec de la peinture ou un appareil photo, il faut qu'il démontre du talent. Par exemple, Sonia, dix ans, fréquente une école d'art renommée et y expose ses œuvres. Claude, quatorze ans, voudrait devenir chef et suit des cours de cuisine. Un restaurant du quartier a déjà donné son nom à certains de ses plats! Les parents d'enfants tels que Sonia ou Claude, doués dans un domaine précis, se sentent mieux équipés pour rivaliser avec les parents qui ont plusieurs enfants.

À New York, où 30 % des enfants sont uniques, la rivalité entre les parents commence tôt. Wendy Wasserstein, dramaturge et lauréate du prix Pulitzer (*The Heidi Chronicles*, 1988), est mère d'un enfant unique. Elle a été emportée dans ce qu'elle appelle les «olympiades parentales». Chez les parents qu'elle connaissait, fêtes d'anniversaires et séances de jeux permettaient de se vanter des exploits de leurs enfants. Chacun expliquait avec émerveillement que son petit génie préférait Mozart aux dessins animés parce qu'on lui avait fait écouter *Baby Genius : Mozart* lorsqu'il était encore au berceau. Au moment d'inscrire le prodige à la prématernelle, la rivalité montait d'un cran. Il ne s'agissait plus de savoir qui avait fait ses nuits complètes le premier ou qui avait appris à se servir du pot avant d'avoir deux ans, mais plutôt qui serait admis à l'école la plus prestigieuse du quartier.

Bien que Wendy Wasserstein ait pris suffisamment de recul pour rester à l'écart de ces olympiades, la majorité des parents d'un enfant unique sont incapables de se montrer aussi objectifs. Ils se prennent trop au sérieux et ne supporteraient pas de devoir faire une autocritique. Il est donc difficile d'éviter les rivalités. Et pour la plupart d'entre nous, les olympiades se corsent lorsque notre enfant se prépare pour l'université. À ce stade, nous perdons toute la raison dont nous avions peut-être fait preuve auparavant. Nous réunissons toute la documentation sur les programmes, les bourses et les internats, nous échangeons des informations avec les autres parents sur les prouesses de nos génies. Nous voulons absolument savoir où en est notre enfant par rapport aux autres. Nous nous évertuons à lui faire comprendre ce qui l'attend et à le rendre encore plus compétitif.

«Rebecca a été admise à Yale et à Oxford. Elle a mieux réussi que sa sœur, qui a dû se contenter de l'université de Pennsylvanie.» La mère d'un enfant unique accusera le coup : «Ces gens-là auront envoyé leurs deux enfants dans de prestigieuses universités. J'espère que le mien réussira aussi bien.»

La tentation de comparer notre enfant à ceux des autres est irrésistible. Lorsque Jacques crie sur tous les toits que sa fille et son fils seront admis à Harvard, les parents d'un enfant unique ont tendance à vanter les mérites de leur prodige qui est capitaine de l'équipe de basket et rédacteur en chef de la revue de l'école. Si ces bavardages restaient entre les parents, il n'y aurait que demi-mal, mais les enfants réussissent toujours à savoir ce qu'on dit d'eux. Par conséquent, la rivalité entre parents aggrave la tension que la plupart des enfants ressentent quand ils doivent quitter la maison pour l'université.

Joanne joue au baseball depuis trois ans et est une excellente lanceuse. Elle avait commencé à jouer pour le plaisir, mais aujourd'hui ses parents aimeraient qu'elle exploite ce talent. Ils ont embauché un entraîneur particulier et sont persuadés qu'elle pourrait obtenir une bourse d'une école prestigieuse.

«Je voudrais que ma fille soit quelqu'un, explique sa mère. Je n'ai jamais fini mes études et je le regrette. Nous ne pouvons pas nous permettre de lui payer les siennes, contrairement aux parents de ses amis. Elle doit donc avoir des bourses.» Pour ses parents, Joanne ne peut se contenter d'une université locale. «Je ne supporterais pas d'entendre les autres parents raconter que leurs enfants fréquentent des écoles renommées, ajoute sa mère. Nous n'avons qu'une enfant et nous voulons qu'elle réalise son potentiel.» Mais cette attitude est dangereuse : Joanne pourrait ne pas supporter la pression ou simplement décider de ne plus jouer au baseball parce que cela ne l'intéresse plus. Si les parents la laissaient utiliser son talent comme elle l'entend, tout en l'encourageant, ils auraient plus de chances de la voir s'épanouir.

La critique excessive

Les parents perfectionnistes sont souvent de terribles critiques. L'un ne va pas sans l'autre. Pour que l'enfant atteigne le but recherché par les parents, il doit être dirigé du début à la fin. Les parents expriment leur désapprobation par des commentaires, par leur langage corporel ou leur expression faciale. Certains enfants uniques sont si doués pour lire les pensées de leurs parents qu'ils n'ont pas besoin de les entendre prononcer un seul mot pour tout comprendre.

Laurent, vingt-cinq ans, affirme que ses parents n'ont jamais eu à lui faire de reproches explicites. «Nous sommes si proches que je connais tous leurs tics. C'est bizarre, mais je sais qu'ils sont en colère lorsqu'ils respirent d'une certaine manière.»

Certains parents n'y vont pas par quatre chemins et commencent à critiquer l'enfant lorsqu'il est encore très jeune. Peut-être attendent-ils beaucoup de lui parce qu'ils le croient doué et talentueux, alors qu'il n'est qu'un bambin normal en train de franchir les différents stades de la croissance. Ces parents critiquent leur fils dans le but de «lui rendre service» et de le motiver.

En comparant leur enfant à d'autres, ouvertement ou non, les parents le critiquent, même s'ils ne voient pas les choses de cette façon. Ils pensent qu'en lui donnant un exemple supérieur à suivre ils l'attireront vers le haut.

La mère de Tania avait toutes sortes d'idées à cet égard. Elle comparait fréquemment Tania aux autres enfants, ce qui engendrait chez sa fille culpabilité et rancœur. «Ma mère me croyait assez intelligente pour tout faire. Après tout, j'étais enfant unique et un petit génie à ses yeux. Sa phrase favorite était : "Mais bien sûr que tu peux en faire autant !" Lorsque mon amie Céline a posé sa candidature à l'école de médecine, ma mère a décidé que je devais l'imiter. Pourtant, je n'avais pas fait beaucoup de sciences à l'école et, à l'université, j'avais surtout étudié la littérature. D'après elle, je n'avais qu'à retourner deux ans à l'école, suivre les cours de sciences nécessaires, obtenir des notes extraordinaires et faire un stage en Afrique. Une autre de mes amies travaille dans une banque et gagne beaucoup d'argent. Ma mère était persuadée que cela aussi, je pouvais le faire. Tout ce qui me manquait, c'étaient quelques cours… Enfin, vous voyez le genre.»

La mère de Tania n'avait pas l'impression de critiquer sa fille, bien au contraire : elle la complimentait en la jugeant capable de réussir dans n'importe quel domaine. Mais Tania lui a expliqué que ce genre de comparaison lui faisait honte, parce qu'elle avait décidé de devenir enseignante. Sa mère a été horrifiée d'apprendre que ses paroles, au lieu d'encourager sa fille, avaient été interprétées comme des critiques.

Les parents critiques s'ingèrent dans tous les domaines de la vie des enfants. S'ils n'en ont qu'un, c'est un désastre : ils passent leur temps à lui chercher des poux.

«J'aime lire les contes de Grimm, déclare Louis, neuf ans, mais ma mère n'aime pas ça et se met en colère. Elle veut que je lise *Harry Potter*.» Du coup, Louis a abandonné sa lecture favorite au profit de *Harry Potter*, qu'il n'aime pas beaucoup, mais sa mère ne lui a pas laissé le choix.

Irène, quatorze ans, a grandi dans une maison où les règles sont strictes. «Lorsque je range ma chambre, il faut que ce soit exactement comme ma mère le veut. Si elle constate que des vêtements ou des livres traînent, elle me demande ce que ça fait là. Je lui explique que je n'ai pas l'intention de ranger ces choses tout de suite, car j'ai mon propre système de triage. Mais si je n'obéis pas, ma mère s'imagine aussitôt qu'il y a de la vermine sous le lit. Elle attend que j'aie tout rangé pour sortir. Le problème, c'est qu'ensuite je ne retrouve plus rien.»

Les enfants sont parfois irrités par des parents qui les surveillent et les critiquent en permanence. Toutefois, parce qu'ils tiennent à leur affection, ils essaieront de leur faire plaisir. Malheureusement, ils vivent alors sous une tension perpétuelle et ont du mal à se débrouiller seuls.

Si vous n'avez qu'un enfant, pourquoi ne pourrait-il pas être beau, populaire, poli, intelligent, respectueux, doué en tout? Pourquoi ne pourrait-il pas être parfait?

Examinons le cas de Condoleezza Rice, politicienne américaine et enfant unique. Élevée par des parents qui exigeaient l'impossible, rien n'était trop difficile pour elle. Elle est entrée à l'université à l'âge de quinze ans, est devenue pianiste de concert; toujours tirée à quatre épingles, elle avait d'excellentes manières. Elle parle plusieurs langues et a commencé à enseigner à Stanford à vingt-sept ans. Elle était persuadée que tout était à sa portée et ses parents l'ont encouragée dans ce sens. S'ils avaient eu plusieurs enfants, peut-être n'auraient-ils pas autant exigé d'elle. Mais, n'en ayant qu'une, ils en ont fait l'incarnation de tous leurs rêves, qu'elle a réalisés avec flegme et une ambition sans faille.

Chez certains parents, la recherche de la perfection est plus superficielle. Liliane, onze ans, a un style bien à elle, mais qui ne plaît pas aux parents. C'est un garçon manqué, en salopette, qui préfère les friperies aux grands magasins. Ses amies, au contraire, sont de vraies demoiselles, victimes de la mode. Au lieu d'admirer l'originalité de leur fille, les parents la comparent en permanence aux autres. «Mes parents pensent que je suis négligée, explique Liliane, mais moi je suis bien comme ça. Ils veulent faire de moi quelqu'un d'autre. Peut-être que si j'avais une sœur qui s'habillait à leur goût, ils me laisseraient tranquille.»

Les parents craignent que leur enfant unique ne se transforme en original solitaire. C'est pourquoi ils critiquent parfois ses loisirs.

Olivier a commencé à lire à l'âge de six ans. Exceptionnellement brillant, il s'amuse à inventer des histoires avec ses jouets. Son grand plaisir consiste à s'installer tranquillement dans un fauteuil avec un livre ou à jouer seul dans sa chambre durant des heures. Certes, les parents sont fiers de l'intelligence de leur fils et de son goût pour les maths, les sciences et la lecture, mais cela ne leur suffit pas : Olivier devrait aussi être un boute-en-train. Ils craignent qu'il ne consacre pas assez de temps à ses amis et ils fixent pour lui des rendez-vous avec d'autres enfants, ce qui ne lui plaît pas forcément. De fait, ils se comportent comme si leur enfant ne leur suffisait pas.

Les conséquences du perfectionnisme

L'idée que nous pouvons façonner notre enfant pour qu'il incarne nos espoirs et nos rêves se répercute souvent sur son avenir. Certaines de ces conséquences sont positives, mais beaucoup sont malheureusement négatives.

Les conséquences négatives
En encourageant notre enfant unique à devenir un génie universel, nous semons la confusion dans son esprit, car nous lui ôtons sa capacité de

prendre des décisions. Nous en faisons un enfant submergé par les potentialités.

Il est difficile pour un enfant qui peut tout faire de comprendre qu'il est préférable d'acquérir des compétences dans un ou deux domaines plutôt que de se disperser. S'il se rend compte qu'il n'est pas en mesure de réaliser tous ses rêves, il deviendra morose et connaîtra la déception. Les enfants uniques particulièrement ambitieux ne se ménagent pas, surtout lorsqu'ils s'attendent à réussir aussi bien que les adultes qu'ils révèrent. Si le résultat n'est pas à la hauteur de leurs espérances, ils réagiront par l'anxiété et perdront leur assurance.

Samuel, vingt ans, vient de terminer ses études de premier cycle. Il est retourné à la maison pour réfléchir à ce qu'il fera ensuite. Sa principale difficulté est de choisir un domaine précis, car il s'intéresse à beaucoup de choses. Enfant, il jouait au basket et faisait du théâtre. Ses parents ont stimulé ses champs d'intérêt, de sorte qu'il est persuadé de pouvoir réussir dans divers domaines. Mais aujourd'hui il ne sait pas dans quelle direction aller: «Je me réveille le matin en me demandant ce que je pourrais faire pour réussir encore mieux. Je regarde les gens et je me dis que je devrais peut-être faire comme eux. Je ne suis jamais satisfait, j'ai toujours l'impression que je devrais en faire plus. Je suis anxieux et totalement indécis.»

Lorsque nous harcelons notre enfant unique pour qu'il en fasse davantage et réussisse encore mieux, nous lui ôtons le goût d'aller plus loin, parce qu'il craint l'échec et panique à l'idée de décevoir ses parents.

«Ce semestre, j'ai été admise dans un cours enrichi de biologie, explique Béatrice, seize ans. J'étais emballée! Mais ensuite j'ai pensé à la réaction de mes parents si je n'obtenais pas un A. J'ai toujours eu des A partout. Alors j'ai finalement décidé de suivre le cours régulier. Mes parents ont tout fait pour moi et je ne voudrais surtout pas les décevoir.» Béatrice se sent si responsable du bonheur de ses parents qu'elle est prête à lui sacrifier le sien. À moins que les parents ne lui fassent clairement comprendre que sa satisfaction leur importe autant que la leur, elle ne développera pas ses potentialités.

Parents et enfants devraient comprendre qu'il est dangereux de trop dépendre les uns des autres. Les parents doivent clairement indiquer à leur enfant unique que leur intention n'est pas d'en faire une vedette. Au contraire, ils espèrent que l'enfant prendra des décisions qui lui permettront de trouver son identité et ses propres valeurs, au fur et à mesure qu'il mûrira. L'enfant, quant à lui, doit indiquer aux parents qu'il fera de son mieux pour susciter leur fierté, mais qu'il n'ira pas jusqu'à sacrifier sa découverte de soi.

Un enfant unique qui a l'impression de beaucoup devoir à ses parents essaiera de se montrer à la hauteur de leurs espoirs. Il s'efforcera d'être aussi populaire que son père ou aussi brillant que sa mère.

«J'ai été président de l'association étudiante, déclare Donald. Croyez-moi, cela m'a beaucoup aidé plus tard, lorsque je me suis retrouvé dans les affaires. J'espère que mon fils sera aussi sociable que moi.» En réalité, Normand, fils unique de Donald, est beaucoup plus réservé que son père. Mais à l'université il a décidé de changer pour faire plaisir à Donald. Ses amis passaient leur temps à faire la fête, avec alcool et stupéfiants. Normand n'était pas à l'aise dans ce groupe, mais il faisait des efforts pour être populaire. Son père était fier de tous les appels téléphoniques que Normand recevait. Pendant quelque temps, il a continué d'avoir de bonnes notes, mais peu à peu ses résultats ont diminué. Lorsque les parents ont compris ce qui se passait, Donald s'est senti coupable d'avoir forcé son fils à prendre de mauvaises décisions, simplement pour lui faire plaisir.

Les enfants uniques qui ne songent qu'à être parfaits risquent de perdre leur empathie, car ils ne voient plus que le but qu'ils essaient d'atteindre de toutes leurs forces.

C'est ce qui est arrivé à Denise. Ses parents ne lui laissaient aucun répit : elle devait être la meilleure dans tous les domaines. Par conséquent, tout ce qu'elle faisait devait faire progresser sa future carrière de juriste. Elle a été reçue dans l'une des meilleures facultés de droit du pays, certes, mais au prix de ses amitiés. Lorsqu'elle a obtenu son diplôme, ses parents ont décidé d'organiser une fête. C'est alors que Denise s'est rendu compte qu'elle n'avait pratiquement personne à inviter. Elle avait rompu avec son copain parce qu'elle ne pouvait pas lui consacrer assez de temps, et la plupart de ses connaissances avaient coupé les ponts. Elle n'avait même pas pu consoler une amie qui avait perdu sa mère, car elle préparait ses examens à ce moment-là. Denise avait poursuivi son but sans relâche et l'avait atteint, mais, chemin faisant, elle avait perdu son identité.

Les parents obligent parfois leur enfant unique à se lancer dans un domaine qu'ils ont choisi pour lui et, en général, ils parviennent à leurs fins. Mais cela risque de leur retomber sur le nez le jour où l'enfant, devenu adulte, découvrira qu'il n'a aucun goût pour sa profession.

Boris, cardiologue âgé de quarante-trois ans, est l'enfant unique de deux médecins. Dès son plus jeune âge, il a compris que ses parents envisageaient pour lui une carrière en médecine. Venus de Russie dans leur jeunesse, ils avaient travaillé d'arrache-pied pour réussir, et la pression sur Boris était forte.

«Si j'avais eu un frère ou une sœur, la situation aurait été différente. Il est certain que mes parents auraient voulu que l'un de nous soit médecin, mais j'aurais peut-être pu suivre ma propre voie.» Boris était bon en sciences et n'a pas eu de mal à entrer en médecine. «Je ne me suis même pas posé la question. Je n'ai jamais pensé à explorer d'autres options, car, étant enfant unique, je devais faire plaisir à mes parents.» Malheureusement, la médecine n'a pas rendu Boris heureux. Parvenu à l'âge mûr, il se demande aujourd'hui ce qu'il pourrait faire d'autre. Comme il a lui-même des enfants, il lui est difficile de recommencer à zéro. Mais il a l'impression qu'il ne sera pas lui-même tant qu'il n'aura pas fait autre chose.

La situation de Boris soulève des questions que se posent fréquemment les enfants uniques : «Suis-je vraiment différent de mes parents?»; «Si je ne fais pas ce qu'ils souhaitent, m'aimeront-ils encore?» L'enfant unique qui croule sous les attentes et croit que l'amour de ses parents est assorti de conditions risque de céder trop facilement et de se détacher de son véritable soi.

Un enfant unique en quête permanente de la perfection s'imaginera qu'on n'est jamais mieux servi que par soi-même.

En apparence, il s'agit là d'un signe de force et de confiance. Mais les perfectionnistes ont du mal à déléguer des tâches. En conséquence, ils assument tout et croulent sous les responsabilités.

«Prenons quelque chose d'aussi simple qu'un dîner, explique Colette, avocate. Cela suffit pour faire de moi la réincarnation de Staline. J'ordonne à un invité d'apporter une salade, à l'autre une bouteille de vin. Mais il est hors de question de les laisser confectionner n'importe quoi ou acheter n'importe quel vin. J'ai trop peur qu'ils rappliquent avec des trucs exécrables, alors je leur dis exactement quoi faire, mais cela irrite terriblement mon mari et mes amis. En général, lorsque nous partageons le menu ou que j'organise une réunion professionnelle, je planifie chaque détail. Je suis incapable de donner du travail à mon adjoint, car je sais que je le ferai mieux et plus vite que lui. Curieusement, je lui en veux ensuite de m'avoir laissé tout le travail, alors qu'en réalité c'est moi qui ai refusé de déléguer.»

Les conséquences positives

La recherche de la perfection peut avoir des conséquences positives. Elles sont moins nombreuses que les autres, mais elles présentent quand même un certain intérêt.

Un enfant unique qui sait que ses parents attendent beaucoup de lui sera extrêmement motivé. En effet, les enfants dont les parents n'attendent pas grand-chose se contenteront de peu. L'enfant unique, pour sa part, veut réussir pour remercier ses parents de leur confiance et de leur affection.

«Si je n'étais pas enfant unique, je ne serais sans doute pas parvenu là où je suis aujourd'hui, affirme Bernard, conseiller en investissements. Je suis d'un tempérament plutôt paresseux et j'aurais choisi la voie facile si mes parents n'avaient pas été derrière moi. Ils révisaient mes devoirs, s'assuraient que je m'étais inscrit aux cours appropriés et que je travaillais dur pour mon diplôme. Lorsque j'étais débordé, ils m'aidaient à m'y retrouver dans toutes mes activités. Pas de laisser-aller. Aujourd'hui je suis discipliné, ordonné et méthodique. Étant donné que je dirige mon propre cabinet, c'est important.»

Un enfant qui réussit aura confiance en lui-même.

Les enfants uniques qui font des efforts pour atteindre leur but savent ce que signifie le succès. «Mes parents m'ont dit que je pourrais obtenir ce que je voulais si je savais comment m'y prendre, affirme Chantal. Aujourd'hui, c'est moi qui force mes amis à aller plus loin, à trouver mieux. Ils n'ont pas eu des parents comme les miens et s'en plaignent! Mes parents voulaient que j'obtienne toujours les meilleurs résultats, alors j'ai tendance à jouer ce rôle auprès des autres maintenant. Je me sentais assez sûre de moi pour courir des risques parce que mes parents me soutenaient et que nous étions très proches. Je veux pouvoir en faire autant pour mes amis.»

Lorsque les parents poussent leur enfant à mener à terme ce qu'il entreprend, ils l'aident à acquérir une discipline qui deviendra un facteur important de sa réussite ultérieure.

À l'âge de sept ans, Marc a décidé de jouer au football. Deux semaines plus tard, il voulait abandonner l'équipe, mais ses parents l'ont obligé à persévérer. «Tu voulais être gardien de but, non? Eh bien, nous ne te laisserons pas abandonner si facilement. L'an prochain, si tu détestes toujours le football, nous t'autoriserons à faire autre chose.» Marc a continué à jouer au football et son club a remporté le championnat. «Je suis heureux que ma mère m'ait obligé à rester», dit-il aujourd'hui.

Comment éviter le perfectionnisme néfaste

Nous l'avons vu, le perfectionnisme peut être positif ou négatif. Pour éviter d'épuiser et de surmener votre enfant unique, voici quelques conseils :

- Rangez votre microscope. Votre enfant n'est pas un spécimen de laboratoire. Cessez d'analyser chaque élément de sa personnalité.
- Prenez un certain recul émotionnel par rapport à votre enfant. Souvenez-vous que vous êtes deux personnes distinctes, que vos besoins et vos désirs ne sont pas forcément identiques aux siens.
- Faites la distinction entre l'amour et l'approbation. L'un ne dépend pas de l'autre. D'après Carl Pickhardt : «L'amour est inconditionnel, mais l'approbation se mérite.»
- Apprenez à connaître votre enfant au lieu d'essayer de façonner une créature à votre image.
- Favorisez les différences entre votre enfant et les autres. Ne le comparez pas aux autres : chaque personne est unique.
- Acceptez l'idée que votre enfant se trompera, mais qu'il en tirera des leçons. La perfection est une qualité divine et non pas humaine.

TEST D'AUTOÉVALUATION

Attendez-vous la perfection de votre enfant?

- Cela vous irrite-t-il de constater que votre enfant n'est pas aussi avancé que ses camarades?
- Critiquez-vous votre enfant et corrigez-vous son travail même lorsqu'il est encore en train d'apprendre quelque chose de nouveau?
- Attendez-vous de votre enfant qu'il fasse tout à la perfection et réussisse tout ce qu'il entreprend?
- Insistez-vous pour que votre enfant participe à des activités qui l'intéressent peu?
- Votre enfant se plaint-il parfois que vous n'êtes jamais satisfait?
- Votre enfant hésite-t-il à se lancer ou à courir des risques parce qu'il a peur d'échouer?

Si vous avez répondu par l'affirmative à l'une de ces questions, vous êtes peut-être trop perfectionniste. Vous risquez de vous imaginer, à tort, que votre enfant unique devrait se classer au-dessus de la moyenne parce qu'il semble posséder beaucoup de maturité. Mais il ne s'agit que d'une apparence attribuable au fait que votre enfant passe beaucoup de temps en compagnie d'adultes, absorbant ainsi leurs manières et leurs habitudes. Au fond, il est encore un enfant.

Au chapitre suivant, nous discuterons des problèmes qui surgissent lorsque les parents traitent leur enfant unique comme un adulte.

CHAPITRE SIX

L'ENFANT QU'ON TRAITE EN ADULTE

J'ai seize ans. Je suis enfant unique et j'ai des parents formidables. Mais ce n'est pas toujours drôle, car la maison est silencieuse et tout doit être à sa place. Je suis jalouse de mes amis qui ont des frères et sœurs, car chez eux, ça bouge : musique, jeux vidéo, bagarres dans la cuisine, ballon dans la cour, etc. Je trouve même agréable de les voir se quereller ou se taquiner. Lorsque je suis avec eux, je n'ai pas besoin de me comporter en adulte. Chez moi, mes parents parlent des livres qu'ils ont lus, de leur travail, de leurs amis, de politique. Ils comptent sur moi pour participer à leurs conversations. J'ai souvent l'impression qu'à la maison je ne peux pas être autre chose qu'adulte. À l'aide !

Un foyer qui ne compte qu'un enfant évoque probablement aux yeux des parents le triangle parfait : les trois mangent ensemble, voyagent ensemble, sortent ensemble. Mais l'enfant forme inévitablement la minorité dans ce trio. Par conséquent, les préoccupations et les activités des adultes sont généralement prioritaires. Dans les familles nombreuses, la dynamique est différente: les parents sont moins enclins à faire participer les enfants à toutes leurs activités. Contraindre une troupe d'enfants excités à se tenir tranquille pendant un élégant dîner ou un vernissage est une tâche presque impossible. Un bambin isolé, en revanche, est beaucoup plus facile à surveiller.

En outre, lorsque nous n'avons qu'un enfant, nous ne voyons pas toujours l'utilité d'engager une gardienne. Il est si facile d'emmener l'enfant dîner avec nous. Il a de bonnes manières, il connaît les usages des adultes, mais, en dépit du plaisir que nous procure sa compagnie, nous risquons de susciter chez lui le désir anxieux de nous plaire en se comportant comme un adulte. Au fond de lui-même, il aimerait peut-être mieux aller jouer avec ses copains. Peut-être s'imagine-t-il que ses parents ne s'intéressent à sa vie que lorsqu'elle coïncide avec la leur et qu'ils se moquent de ses plaisirs d'enfant. Il risque alors d'envier ses amis qui ont des frères et sœurs, dont l'existence lui paraîtra plus amusante. Il pourrait aussi souffrir d'un sentiment d'isolement et la compagnie perpétuelle des adultes risque de se transformer pour lui en une suite d'obligations ennuyeuses.

Les parents s'attendent parfois à ce que leur enfant fasse preuve d'une maturité précoce. L'enfant se sent contraint de jouer le jeu: il apprend à s'exprimer intelligemment sur la profession des parents et se croit tenu d'assumer des responsabilités pour lesquelles il n'est pas prêt psychologiquement. Je ne doute pas qu'il soit bénéfique d'exposer nos enfants à la culture et à l'actualité, mais ils ne s'intéressent pas vraiment à nos problèmes professionnels, à nos opinions politiques ou au menu des restaurants branchés. Les parents trouvent si agréable d'avoir un adulte miniature à leurs côtés qu'ils oublient que leur enfant a besoin de vivre sa vie et qu'il ne doit pas être considéré comme un copain de leur âge. Sinon, l'enfant pénétrera dans un monde qui n'est pas le sien et où il ne se sentira jamais à l'aise. Les parents, en revanche, auront l'impression d'avoir élevé l'enfant idéal et pourraient bien essayer de limiter ses contacts avec ses amis afin de le garder pour eux.

Il existe d'autres moyens de transformer les enfants uniques en adultes miniatures – par exemple, lorsqu'on leur donne voix au chapitre dans les décisions familiales, alors qu'ils ne possèdent ni le raisonnement ni l'expérience des adultes. Un tel enfant risque de croire qu'il est un élément indispensable du mariage de ses parents. Du coup, si les parents divorcent ou, pire, si l'un des deux tombe malade ou meurt, l'enfant se sentira en partie responsable. Il sera complètement dépassé lorsqu'il devra s'occuper de ses parents. Enfin, dans une famille monoparentale, l'enfant unique pourrait se mêler de la vie sentimentale du parent ou assumer un rôle de confident. Peut-être même risque-t-il de se comporter comme un conjoint de remplacement.

Néanmoins, le tableau n'est pas tout noir. Les enfants uniques qui passent beaucoup de temps en compagnie d'adultes sont souvent plus décontractés à l'école, lors d'entrevues ou lorsqu'ils font la connaissance d'autres adultes. Ils ont confiance en eux et sont à l'aise dans le monde extérieur, ce qui n'est pas toujours le cas des enfants de familles nombreuses. Mais il est possible d'acquérir cette assurance sans renoncer aux caractéristiques de l'enfance et à l'appartenance à sa famille. C'est aux parents qu'il incombe d'élever l'enfant dans des conditions qui lui permettront de jouir de son enfance, protégé et apprécié par les adultes qu'il aime et qu'il admire.

L'enfance envolée

L'enfant unique ne doit jamais avoir l'impression qu'on l'oblige à se dépêcher de grandir. L'enfance doit être savourée. Ce n'est pas une course vers l'âge adulte. Chaque enfant devrait avoir la chance de faire ce voyage à son propre rythme, à sa manière. Les parents qui perdent de vue ce principe fondamental risquent de priver leur enfant de la force psychologique dont il aura besoin pour devenir un adulte heureux.

La vie quotidienne en compagnie d'un enfant unique est particulièrement intense. Si nous vivons des moments difficiles, il est presque impossible de le lui cacher. Même si nous nous efforçons de discuter en privé de certains sujets délicats, par exemple un changement d'emploi, un déménagement, une maladie, il est probable que l'enfant remarquera notre préoccupation. Il commencera par poser des questions et nous nous sentirons obligés de lui répondre. En raison de l'étroitesse du lien qui nous unit à lui, nous risquons de lui divulguer trop d'informations et même de lui demander de nous aider à prendre une décision. Les parents doivent plutôt établir une séparation nette entre leur vie et celle de leur enfant.

À certaines occasions, toutefois, le partage est important. À ce moment-là, expliquez la situation à l'enfant à l'aide de termes simples, qu'il pourra comprendre. Au fur et à mesure qu'il grandira, vous pourrez lui révéler davantage de détails.

L'enfant qui participe trop

Il n'est pas rare que l'enfant unique participe aux discussions parentales sur des sujets importants, qui touchent de près la famille. Après tout, lorsque le groupe de discussion est réduit à trois personnes, il est facile de maintenir l'ordre. Autour de la table, la famille s'entretiendra du prix d'une nouvelle voiture, de vacances à l'étranger ou de la manière de résoudre les conflits au travail. Beaucoup de parents sont d'avis qu'il faut presque tout dire aux enfants. Leurs parents, au contraire, leur cachaient tout et ils ont souffert de cette attitude. Ils ne veulent pas donner l'impression qu'ils font des cachotteries. Ce que ces parents oublient, c'est que les enfants sont trop jeunes pour comprendre certains problèmes. Du reste, ils n'ont aucunement besoin de tout savoir : cela risque de les perturber et de les déstabiliser.

Le jeune enfant ne comprend pas que les conflits entre adultes peuvent se résoudre, que ce que nous ne pouvons nous offrir aujourd'hui sera à notre portée demain, etc. Par conséquent, il risque de s'angoisser, persuadé qu'il doit absolument dénouer les problèmes des adultes.

Mathieu, dix ans, a remarqué que sa mère, Astrid, est soucieuse. Elle s'irrite pour un rien et Mathieu se demande ce qui ne va pas. Un jour, au magasin, Mathieu a demandé à sa mère de lui acheter des chaussures de sport. Or, Astrid venait d'apprendre qu'elle risquait de perdre son emploi. La famille ne pourrait vivre uniquement du salaire du père, alors Astrid était anxieuse et la requête de Mathieu a été la goutte qui a fait déborder le vase : « Mathieu, le moment est mal choisi. Je vais peut-être perdre mon emploi demain. » L'enfant a demandé s'ils devraient déménager, s'il pourrait continuer à aller au cinéma et à suivre ses cours de karaté. Une avalanche de soucis a fondu sur lui. Enfant unique, mis au courant des problèmes des parents, Mathieu voulait absolument les résoudre pour eux. Il s'en croyait capable, car ses parents avaient l'habitude de solliciter son opinion sur beaucoup de sujets.

Les parents qui se montrent trop bavards sur leurs problèmes de santé exigent des enfants qu'ils grandissent trop vite. Raoul, artiste, est un enfant unique aujourd'hui âgé de trente-cinq ans. Il se sent responsable de ses parents depuis son plus jeune âge. « Je ne sais pas si j'ai réellement été un enfant un jour, dit-il. Mes parents m'emmenaient partout et me racontaient absolument tout. » Voici ce qui est arrivé : à sept ans, Raoul a demandé à ses parents s'il aurait un jour un frère ou une sœur. Sa mère lui a expliqué qu'ils avaient essayé, mais qu'après plusieurs fausses couches elle avait renoncé. Elle a aussi révélé à Raoul que son père n'avait jamais vraiment voulu d'un autre enfant et qu'elle avait dû le convaincre d'essayer. S'ils s'y étaient pris plus tôt, peut-être n'aurait-elle pas fait autant de fausses couches.

Raoul ne savait pas qu'un bébé pouvait mourir avant même d'être né. Horrifié, il a pensé à cela durant des mois. Peu à peu, il s'est mis à se croire responsable du problème de sa mère : s'il avait été un fils plus consciencieux, son père aurait peut-être voulu un autre enfant et tout le monde aurait été heureux.

En outre, Raoul craignait qu'une chose horrible arrive à sa mère. Si elle disparaissait du jour au lendemain, comme les bébés mort-nés ? Désireuse d'éveiller la compassion de Raoul, la mère avait fait fausse route. Si elle lui avait assuré que la famille était parfaitement heureuse à trois, même si les parents n'excluaient pas l'idée d'avoir un autre enfant, Raoul se serait senti réconforté et en sécurité. Sa mère aurait dû attendre encore quelques années avant de lui parler des fausses couches. Trop d'informations mal comprises risquent de se transformer, dans le cerveau d'un enfant, en angoisses de toutes sortes.

On oublie qu'il y a un enfant dans la maison

Les enfants uniques, qui ont appris à raisonner et à s'exprimer comme des adultes, donnent souvent l'impression d'être plus mûrs qu'ils ne le sont en réalité. Leur vocabulaire est très étendu et ils se comportent comme de jeunes adultes. Il est alors facile aux parents de s'imaginer, à tort, qu'ils ont donné naissance à un enfant prodige.

En réalité, ces enfants n'ont que leurs parents comme modèles, c'est pourquoi ils savent imiter le langage et le comportement des adultes. Ils créent l'illusion de la maturité, mais n'en sont pas moins des enfants. Par exemple, une fille de douze ans adore entendre les adultes vanter sa maturité : « Je suis contente lorsqu'ils pensent que j'ai seize ans. J'ai un bon vocabulaire et j'aime discuter avec les amis de mes parents. » Il est possible que les parents soient éblouis par cette apparente maturité. De ce fait, ils attendent de leur enfant des prouesses impossibles.

Dans une famille où les parents considèrent l'enfant comme une grande personne, tout est arrangé pour plaire aux adultes. «Ma maison est parfaite, affirme fièrement Renée, dix ans. Tous les meubles du salon sont blancs et ma chambre est jolie. J'aime y recevoir mes amis, mais les autres pièces nous sont interdites. J'ai toujours peur que quelqu'un salisse quelque chose. Alors je vais en général jouer chez mes amis.»

Les parents de Renée sont de fins cuisiniers. Leur intérieur est toujours impeccable. Ils croient que les goûts de leur fille sont les mêmes que les leurs et qu'elle se plaît dans des pièces immaculées. Renée ne veut surtout pas blesser ses parents. C'est pourquoi elle évite de leur dire que ce qu'elle apprécie le plus chez ses amis, qui ont des frères et sœurs, c'est le vacarme et le désordre. Lorsqu'elle rentre chez elle, il lui faut un moment pour s'habituer de nouveau à l'ordre et au silence. Elle adore ses parents, mais a l'impression que son jeune âge fait d'elle une intruse dans leur vie si calme et si rangée.

Pour certains parents, l'enfant est un adulte en miniature, capable de jouer au maître ou à la maîtresse de maison lorsque des amis leur rendent visite.

«Je connais mon rôle depuis longtemps, explique Thomas, âgé de treize ans. Je dois ranger les manteaux, servir les apéritifs et bavarder avec les invités jusqu'à ce que mes parents descendent. Je crois que ça a commencé lorsque j'avais cinq ans. Au départ, je trouvais cela amusant, mais maintenant j'ai l'impression d'être un robot. Je m'exprime différemment lorsque je suis avec des grandes personnes. C'est bizarre et j'aimerais bien que mes parents cessent de me demander de recevoir les gens à leur place.»

Thomas aime bien les amis de ses parents et il a des manières parfaites. Toutefois, il préférerait probablement téléphoner à ses copains ou regarder ses émissions favorites. Même les enfants uniques les mieux élevés finiront par se sentir différents de leurs camarades s'ils passent trop de temps dans le monde des adultes.

Trop de bonnes choses

Un enfant unique est facile à emmener avec soi, surtout lorsque les parents ont coutume de faire des voyages à l'étranger. Malgré les forfaits et les billets soldés, trois places coûtent moins cher que cinq ou six, et puis un voyage à l'étranger ouvre davantage l'esprit d'un enfant qu'une journée au centre commercial ou un séjour à Disney World.

Étienne, douze ans, passe tous ses étés en Europe avec ses parents. Il est aussi allé en Australie, à Bali, aux îles Fidji et au Japon. Il adore les voyages, certes, mais il aurait parfois échangé avec joie la paillote de luxe à Suva ou l'hôtel chic près des Champs-Élysées pour les plaisirs du volley-ball de plage avec ses copains.

«Il m'est arrivé de pouvoir emmener un ami, dit-il pensivement. Mais en général mes parents et moi voyageons seuls. Je finis toujours par m'ennuyer. Heureusement que j'ai le droit d'emporter des jeux électroniques!» Étienne aime voyager, mais il aimerait aussi pouvoir jouer dans la rue avec les enfants du voisinage.

Avec les meilleures intentions du monde, les parents traînent leur enfant à l'opéra ou au ballet. Certes, la vie de l'enfant est enrichie par le contact avec l'art et la musique, mais les parents qui obligent leur progéniture à passer de longs après-midi dans les musées ou au concert ne sont pas réalistes. Les goûts des jeunes ne sont pas les mêmes que ceux des adultes. En outre, ces sorties sont souvent trop longues.

«Mon mari et moi avons choisi de n'avoir qu'un enfant afin de l'emmener partout avec nous, explique Christine. Nous étions émerveillés lorsque notre fille, Geneviève, a démontré certaines aptitudes en art. Nous avons commencé à lui faire visiter des musées à l'âge de cinq ans, mais jamais aux séances du dimanche, réservées aux enfants. Nous voulions qu'elle apprenne à analyser sérieusement les œuvres. J'ai moi-même reçu une bonne formation en art et je l'aidais à y voir clair. Si nous allions à une exposition, nous nous efforcions de tout voir.

En général, Geneviève voulait rentrer à la maison au bout d'un quart d'heure, mais nous ne cédions pas. Aujourd'hui, elle a quatorze ans et refuse de nous accompagner. Elle ne veut même plus mettre les pieds au musée, à moins qu'il ne s'agisse d'une sortie scolaire.»

Dès que leur enfant unique s'intéresse à l'art, la musique, la danse ou la vannerie, les parents s'imaginent qu'il faut prendre les grands moyens pour cultiver ce talent. Ils lui trouvent le meilleur professeur de piano de la ville et l'emmènent passer des heures dans les musées. L'enfant n'est pas autorisé à démontrer un intérêt superficiel. Au contraire, il lui faut absolument exploiter son talent à la manière d'un adulte. Geneviève aimait peindre et adorait les tableaux de Van Gogh, mais à cinq ans elle n'était pas prête à devenir la spécialiste mondiale de l'impressionnisme.

Naturellement, les enfants comme Geneviève ou Étienne mènent une vie plus riche que la plupart de leurs amis. Toutefois, leur enfance n'est probablement pas idéale. Les parents doivent freiner leur enthousiasme et éviter de traiter leur enfant en adulte. Je sais que la tentation est forte, mais souvenez-vous toujours de l'âge réel de votre enfant et ne soyez pas flatté lorsque vos amis s'exclament: «Comment? Jérémie n'a que dix ans? Je lui aurais donné plus.» Ce n'est pas forcément un compliment.

Le mariage et l'enfant: deux éléments distincts de votre vie familiale

Un enfant unique est généralement écouté dans sa famille. Par conséquent, il n'est pas étonnant qu'il finisse par se croire un élément crucial du mariage des parents. Si on lui permet de s'ingérer dans les conflits entre les parents ou de s'imaginer qu'il peut jouer le rôle d'arbitre, il adoptera un comportement d'adulte qui ne convient ni à son âge ni à son rang. S'il s'allie à un parent contre l'autre, le déséquilibre s'installe. Le mariage, c'est l'affaire des parents.

Étant donné que la moitié des mariages se terminent par un divorce, votre enfant aura sans doute des amis dont les parents sont séparés. De très jeunes enfants peuvent comprendre qu'une rupture est pénible et provoque des bouleversements dans la famille. Si les parents ont tendance à se quereller, l'enfant peut craindre que tout cela aboutisse à un divorce. C'est du moins ce que notre fille pensait. Et d'autres enfants uniques m'ont révélé avoir ressenti cette peur à maintes reprises.

Les enfants uniques sont parfois plus sensibles que les autres à la qualité de la relation entre les parents. Dans les familles nombreuses, les querelles conjugales passent souvent inaperçues ou ne suscitent pas la même inquiétude. Les enfants sont préoccupés par leurs liens avec leurs frères et sœurs. Parfois ils s'unissent pour obtenir des parents ce qu'ils désirent, mais il est rare qu'ils dressent un parent contre l'autre ou se retrouvent en train d'arbitrer une querelle conjugale.

Nathalie, dix-huit ans, vient de quitter la maison pour aller à l'université. Ayant toujours eu une relation extrêmement étroite avec ses parents, elle était persuadée d'être un élément de leur mariage : «Nous faisions tout ensemble et il était naturel pour moi de penser que nous formions un tout. Lorsqu'ils allaient quelque part sans moi, j'en faisais un drame. J'essayais d'éveiller en eux un sentiment de culpabilité pour qu'ils renoncent à leur voyage. Parfois, ça marchait! S'ils devaient assister à une représentation ou à un dîner où les enfants n'étaient pas invités, je voulais savoir pourquoi je n'étais pas autorisée à les accompagner.» Même aujourd'hui, Nathalie a du mal à s'imaginer ses parents sans elle. Certains enfants uniques ne se contentent pas de faire partie du trio: ils essaient aussi de s'ingérer dans des discussions qui ne regardent que les parents.

Frédéric, dix-sept ans, se souvient d'un jour où ses parents hésitaient sur la voiture à acheter: «Une Honda ou une Volvo? Ils étaient attablés à la cuisine, les brochures ouvertes devant eux. Je devais avoir onze ans. J'ai jeté un coup d'œil aux dépliants et j'ai annoncé que je voulais la Honda, mais ma mère m'a dit que c'étaient eux qui prendraient la décision. Je me suis mis en colère et j'ai juré de ne pas monter en voiture avec eux s'ils n'achetaient pas celle qui me plaisait. J'avais tellement l'habitude de participer aux décisions familiales que je ne comprenais pas pourquoi la situation était différente cette fois-là.»

À partir du moment où les parents laissent entendre à l'enfant qu'il a le droit de participer aux décisions importantes, il croira pouvoir s'ingérer dans des aspects du mariage qui n'ont rien à voir avec lui. «Depuis un an environ, mon mari ne passe guère de temps à la maison, explique Nadine. Son entreprise l'envoie souvent à l'étranger et lorsqu'il est en ville il travaille quatorze heures par jour. Je ne le vois presque pas. Nous nous sommes querellés à ce sujet et notre fils de douze ans, Manuel, nous a entendus et a pris mon parti. Je reconnais qu'il n'avait pas à le faire, mais, comme il n'a ni frère ni sœur, nous avons tendance à l'inclure dans notre couple et il se sent quelque peu responsable de notre tranquillité d'esprit. En mon for intérieur, j'étais contente qu'il intervienne, car son point de vue a influencé mon mari. Mais je sais qu'il en a souffert.»

À moins que Nadine ne commence à exclure Manuel de sa vie conjugale, l'enfant continuera de prendre parti, ce qui ne fera qu'envenimer les querelles et accroître ses soucis. Nadine aurait dû dire à son fils qu'il n'a pas à intervenir et qu'il incombe aux parents de régler les problèmes à leur manière.

Le renversement des rôles

Lorsque les parents sont malades, il arrive que l'enfant unique assume le rôle d'infirmier. Denise, par exemple, s'occupe de ses parents depuis longtemps. Sa mère a une hanche artificielle et son père est cardiaque. Ainsi, lorsqu'elle a dû choisir une université, elle a décidé de rester aussi près de chez elle que possible. «Je me sens coupable de quitter la maison», reconnaît-elle. Sa mère dépend tellement d'elle sur le plan émotionnel que les rôles sont renversés : Denise est devenue la mère ; et la mère, l'enfant. Au lieu de se faire des amis, la mère de Denise s'est tournée vers sa fille. Selon elle, seule Denise peut comprendre les problèmes de la famille.

Après avoir pris soin de ses parents pendant des années, Denise constate qu'elle a tendance à en faire autant avec les autres. Elle essaie toujours d'aider les gens et a besoin de maîtriser toutes les situations. Elle ne se sent épanouie que lorsqu'elle peut materner quelqu'un. Elle a perdu son identité et comprend aujourd'hui que ses propres besoins et goûts passent toujours au second plan.

Les parents divorcés

Les enfants de parents divorcés apprennent très tôt à se débrouiller seuls, du moins une partie du temps. En dépit des meilleures intentions, les parents qui partagent la garde de l'enfant ont parfois tendance à le laisser organiser sa vie entre un domicile et l'autre. Parce qu'un enfant unique donnera l'impression d'être plus mûr que son âge, les parents risquent de s'imaginer qu'il est capable de formuler des stratégies et d'établir des priorités, exactement comme un adulte.

«Mes parents ont divorcé lorsque j'avais onze ans, se souvient Gabriel, âgé de quinze ans. Ils sont amis, mais tous les deux travaillent beaucoup et je passe une semaine chez mon père et l'autre chez ma mère. J'ai eu du mal à m'habituer à l'idée qu'ils ne vivent plus ensemble, mais le plus difficile a été de me souvenir de tout ce que je devais apporter chaque fois que je changeais de maison. Au début, mes parents me donnaient une liste, mais au bout d'un an ou deux j'ai dû dresser ma liste moi-même, car ils étaient trop pris. Naturellement, j'oubliais un tas de choses. À partir du jour où je n'ai pas pu jouer au basket parce que j'avais oublié ma tenue de sport chez mon père, j'ai commencé à prendre ça au sérieux.»

L'enfant unique doit aussi s'habituer à deux systèmes de règles et à deux types d'éducation. Si les parents ne communiquent pas entre eux et n'ont pas la même philosophie d'éducation, l'enfant saisira l'occasion pour gérer lui-même sa vie. Attention! Les enfants uniques adorent prendre les rênes et ne se gêneront pas pour le faire si vous lâchez du lest.

Les parents de Nicolas ont divorcé quand il avait sept ans et ils ont partagé la garde de leur fils. Le père révisait les devoirs, fixait l'heure du coucher et insistait sur les bonnes manières. La mère, quant à elle, était plus permissive. Elle lui cuisinait ses mets favoris et le laissait regarder la télévision les soirs de semaine. Elle tenait pour acquis qu'il faisait bien ses devoirs. «Dans l'ensemble, je prenais mes responsabilités, se souvient Nicolas. J'étais assez obéissant, mais je jouais sur les deux tableaux. Si ma mère m'autorisait à faire quelque chose que mon père m'interdisait, je m'empressais de le lui dire, et vice versa. Ainsi, j'obtenais généralement ce que je voulais.»

Si un enfant lisait cela, il se dirait probablement que Nicolas avait une veine du tonnerre. Mais en réalité, l'adolescent aurait préféré une vie plus rangée. «J'étais deux personnes à la fois. Chez mon père, j'accomplissais les tâches ménagères et je ne contestais pratiquement jamais ses décisions. Chez ma mère, je me comportais en pacha, j'écoutais de la musique à tue-tête et je mangeais ce qui me plaisait. Mais parfois je me trompais et je me comportais chez mon père comme chez ma mère. Là, je me retrouvais dans de sales draps.» Nicolas ne s'est véritablement trouvé lui-même que lorsqu'il a quitté la maison pour aller à l'université: il a pu découvrir son propre tempérament loin de ses parents.

L'enfant unique comme substitut d'un conjoint

Certains parents ont tendance à mêler leur enfant unique à tous leurs problèmes ou à lui faire des confidences sur leur vie sentimentale.

Parent et enfant passent tant de temps ensemble et doivent surmonter tant d'obstacles qu'ils se rapprochent trop l'un de l'autre. Peut-être
deviendront-ils amis intimes et partageront-ils des secrets. Peu à peu
l'enfant finira par devenir, de manière inappropriée, le substitut d'un
conjoint.

Pierre, vingt-sept ans, avait huit ans quand son père est parti. «Il
nous a quittés du jour au lendemain en emportant tout notre argent.
Ma mère était artiste et ne gagnait pas beaucoup. Après le départ de
mon père, elle a sombré dans une terrible dépression et il m'incom-
bait de la distraire. Elle m'a raconté que mon père l'avait négligée, voire
maltraitée. Ça m'a horrifié, car j'adorais mon père, mais je voulais aussi
protéger ma mère. Il m'était difficile d'écouter ses confidences. Dans
mon esprit, j'étais devenu l'homme de la famille. Je l'aidais autant qu'un
gamin peut aider sa mère et je l'accompagnais partout, même là où
les enfants n'étaient pas les bienvenus. Croyez-le ou non, ma mère a
attendu que je sois à l'université pour sortir avec un autre homme. En
général, c'était moi qui lui servais de cavalier. Évidemment, lorsque
j'avais envie d'aller jouer avec mes amis, je me sentais coupable et, plus
tard, à l'école secondaire, j'ai eu honte d'avoir des petites amies.»

Pierre a un emploi intéressant dans une agence de publicité. Il téléphone tous les jours à sa mère. Lorsqu'ils se querellent, c'est exactement comme un vieux couple. Pour Pierre, les relations avec les jeunes
femmes sont délicates, car il semble incapable de s'émanciper totalement de sa mère.

Mélanie, quatorze ans, et sa mère, Sylvie, sont les meilleures amies
du monde. Les parents ont divorcé lorsque Mélanie n'avait que trois
ans. Par conséquent, les deux femmes ont toujours entretenu une relation dynamique.

«Je n'ai jamais vraiment considéré Mélanie comme une enfant, dit
Sylvie. C'est à elle que je me confie après ma journée de travail. Lorsque
nous avons besoin d'argent, nous discutons pour trouver une solution.

Mélanie a beaucoup d'imagination. C'est elle qui a eu l'idée d'une émission sur la mode destinée aux ados, qui vient d'être achetée par une chaîne de télé.»

Mélanie adore la spontanéité et le sens de l'humour de sa mère : «Honnêtement, je passe d'aussi bons moments avec ma mère qu'avec mes amies.» Cette année, Mélanie est entrée à l'école secondaire et souhaite se faire d'autres amies. Malheureusement, Sylvie ne veut pas la lâcher. Si Mélanie demande la permission de passer la nuit chez une copine, sa mère lui demande : «Ne préférerais-tu pas regarder la télévision avec moi? Nous commanderons une pizza et nous regarderons de vieux films.» Mélanie ne veut pas décevoir sa mère, alors elle cède. «Ma mère a fait tellement de sacrifices pour moi, comment lui dire non?» Mais si elle ne s'affirme pas davantage, Mélanie se trouvera dans la même situation que Pierre et aura des problèmes d'identité.

Traiter l'enfant en adulte : les conséquences

Les enfants uniques qui adoptent des rôles d'adultes se sentent parfois exclus lorsqu'ils se retrouvent parmi leurs camarades et ils ont du mal à s'éloigner de leurs parents pour mener une vie indépendante. Cependant, cette situation peut aussi engendrer des aspects positifs. Mais commençons par les côtés négatifs.

Les conséquences négatives

L'enfant unique qui assume trop de responsabilités d'adulte ne connaîtra pas d'enfance véritable et sera privé de la spontanéité qui caractérise généralement les jeunes.

Lorsque nous laissons l'enfant prendre des décisions qui incombent normalement aux adultes, nous lui offrons les clés d'un royaume qu'il n'est pas prêt à gouverner. La confusion entre le corps de l'enfant et l'esprit de l'adulte ne peut que créer des ennuis. C'est ce qui est arrivé à Jacob, aujourd'hui âgé de cinquante-cinq ans : «Mes parents se comportaient en adolescents écervelés. À dix ans, j'ai compris que c'était à moi de jouer le rôle de l'adulte dans la maison. Mon père travaillait beaucoup et ma mère souffrait d'hyperthyroïdie, ce qui suscitait chez elle un comportement parfois étrange. Mes parents se querellaient constamment. Ma mère s'attendait à ce que je m'occupe d'elle en permanence. C'était ridicule. J'étais toute sa vie et j'ai tout fait ensuite pour m'extraire du cocon étouffant dans lequel elle m'avait enfermé.»

Jacob a résolu son problème en devenant aussi autonome que possible. À quinze ans, il avait gagné suffisamment d'argent en tondant des pelouses pour offrir un nouveau canapé à sa mère. «J'ai fondé mon entreprise et je n'avais pas besoin de grand-chose pour vivre. J'ai fini par ne plus dépendre du bonheur de mes parents, mais je dois dire qu'en dépit de notre vie bizarre à la maison je n'étais pas malheureux.»

Grandir dans une famille où il devait jouer le rôle de l'adulte a quelque peu désensibilisé Jacob aux besoins des autres. Il avait l'impression que tout le monde devait être aussi débrouillard que lui. Enfant, il adorait être aux commandes, mais une fois adulte il s'est senti exaspéré de constater qu'il devait parfois obéir aux autres. Il a donc dû faire beaucoup d'efforts pour devenir plus tolérant et ne pas exiger des autres plus qu'ils pouvaient lui donner.

Un enfant trop intégré au monde des adultes risque de devenir anxieux et, une fois adulte, trop timoré pour prendre des décisions.

Il est impossible de dresser un mur infranchissable entre adultes et enfants d'une même famille. À plus forte raison lorsqu'il n'y a qu'un enfant. Inévitablement, l'enfant unique assume certaines caractéristiques des adultes. Les parents divulguent sans le vouloir certains de leurs soucis. Il n'est pas possible de tout cacher à l'enfant qui passe tant de temps avec ses parents. Un enfant unique m'a dit que l'inquiétude est pour lui un moyen de tenir la situation en main. Si on se fait suffisamment de souci, disait-il, on peut espérer que l'avenir s'éclaircira.

«Je m'inquiète de tout, avoue Nicole, vingt-trois ans. Enfant unique, j'avais mon mot à dire dans presque toutes les décisions importantes de mes parents. S'ils voulaient acheter une maison, ils s'assuraient que j'étais d'accord. Quel stress! Et si la maison était rongée par les termites? Ce serait ma faute! Mes parents discutaient de tout avec moi, de l'achat d'une cafetière à un changement d'emploi. Ils se donnaient tant de mal pour tout que je me sentais obligée d'en faire autant. Aujourd'hui, j'ai toujours peur de prendre une mauvaise décision et je suis incapable de faire confiance à mon instinct.»

L'enfant qui prend soin de ses parents ou qui devient le substitut d'un conjoint dans une famille monoparentale continuera de jouer ce rôle une fois adulte.

Cet enfant trouvera difficile, voire impossible de laisser quelqu'un d'autre s'occuper de lui, même lorsque ce sera nécessaire. Il nouera des liens avec des gens émotionnellement dépendants. C'est justement ce qui est arrivé à Denise, qui est incapable d'avoir des amis qu'elle ne peut pas materner.

Hubert, aujourd'hui âgé de quarante-deux ans, adopte le rôle paternel. «Mon père est décédé lorsque j'avais quinze ans et ma mère s'est complètement effondrée. Elle ne savait même pas comment payer une facture. Elle n'avait jamais travaillé à l'extérieur. C'est moi qui lui ai tout appris. Depuis, j'ai été marié et j'ai divorcé deux fois. Mes épouses étaient extrêmement dépendantes, comme ma mère. Même mes amis comptent sur moi. Mon meilleur ami est alcoolique et c'est moi qui l'ai incité à suivre une cure de désintoxication. Je m'entoure de gens qui ont besoin de moi et je commence à détester ce rôle. J'aimerais bien que quelqu'un s'occupe de moi, mais je sais que ça ne se passera pas bien si je cède ma place.»

L'enfant unique qu'on emmène en Europe chaque été et qui dîne fréquemment avec ses parents dans les meilleurs restaurants aura du mal à s'adapter à une vie dénuée de privilèges.

Jusqu'à tout récemment, Alice, vingt-neuf ans, n'avait jamais regretté d'être enfant unique. Elle travaille pour un cabinet de relations publiques à New York et gagne tout juste assez pour se payer un minuscule appartement et aller de temps à autre au restaurant. Après avoir lutté pour décrocher cet emploi et trouver un logis bon marché dans l'une des villes les plus chères du monde, elle a constaté qu'il lui faudrait bien des années pour retrouver le niveau de vie dont elle jouissait quand elle était petite. Elle est découragée par la lenteur de sa carrière et la médiocrité de son salaire.

«Si mes parents ne m'avaient pas emmenée partout, ces merveilleux repas et ces séjours dans des palaces ne me manqueraient pas, dit-elle. La plupart de mes amis, qui avaient des frères et sœurs, n'ont jamais connu ces genres de vacances. Je suis déçue parce que j'ai l'impression de régresser. J'ai connu des plaisirs dont j'aimerais profiter encore aujourd'hui et c'est exaspérant. Si mes parents avaient eu d'autres enfants, peut-être ne m'auraient-ils pas tout donné, tout de suite.»

Les conséquences positives

L'enfant unique qui partage les expériences des adultes et assume de nombreuses responsabilités n'est pas toujours très heureux de cette situation. Mais, même si cela le prive de certaines libertés de l'enfance, peut-être en tirera-t-il un certain profit plus tard. Par conséquent, si vous avez commis ce péché, comme moi, ne désespérez pas. Vous n'avez pas tout perdu.

L'enfant unique qu'on traite comme un adulte se sent très à l'aise en société. Il est possible que cela facilite son insertion à l'école et dans la vie active.

Lorsque Sonia a terminé ses études à l'université, elle a décidé de donner des leçons particulières pour financer sa carrière en art dramatique. «Mes parents avaient leur propre petite entreprise de graphisme et je les regardais travailler. Ils me laissaient les aider et j'ai vite appris le fonctionnement d'une entreprise de ce genre.» Sonia était si observatrice qu'elle s'est mise à imiter la manière dont ses parents s'adressaient aux clients et résolvaient leurs problèmes. Elle s'est fait rapidement une clientèle et gagne aujourd'hui plus d'argent que ses amis qui travaillent pour de grosses sociétés.

«Ils sont éberlués. Je travaille pour moi, j'ai bien réussi. Le fait d'être enfant unique a été un énorme avantage. J'ai été élevée parmi les adultes et cela me permet d'entretenir des relations d'égal à égal avec les parents de mes élèves. En fait, tous pensent que j'ai plus de vingt-trois ans. En outre, j'ai beaucoup voyagé avec mes parents, j'ai rencontré des gens très différents. Je peux m'entendre avec pratiquement n'importe qui, des plus conformistes aux plus marginaux. Si je n'avais pas été enfant unique, il m'aurait été beaucoup plus difficile de travailler à mon compte.»

Un enfant qui a beaucoup voyagé et appris à connaître des cultures différentes s'adaptera facilement à de nouveaux milieux.

Jacques, trente ans, travaille pour une société de portefeuille. Son premier emploi, après l'école de commerce, l'a entraîné à l'étranger. «Mon employeur voulait savoir si j'étais prêt à accepter un poste en Allemagne. Je ne parlais pas l'allemand, je ne connaissais personne là-bas, mais j'avais beaucoup voyagé avec mes parents et je me savais capable de m'adapter. J'ai donc fait mes valises et suis parti pour Berlin. Tout s'est bien passé. Au bout d'un an, je me débrouillais bien en allemand et je m'étais fait de bons amis. Une aventure merveilleuse!»

Jacques affirme que, s'il n'avait pas été enfant unique et s'il n'avait pas tant voyagé avec ses parents, il aurait refusé la proposition de l'entreprise. «Grâce à mes parents, qui m'ont toujours inclus dans leur vie, j'ai pu partir le cœur léger.»

Les enfants uniques qui assument des responsabilités plus tôt que ceux qui ont des frères et sœurs seront peut-être moins intimidés par ces mêmes responsabilités à l'âge adulte.

Les parents qui exigent trop de leur enfant unique, tant sur le plan émotionnel que matériel, ne lui rendent probablement pas service. Mais à certains égards ils lui donnent aussi le sens des responsabilités. Tatiana, âgée de trente et un ans, a un fils de six ans. Elle a passé une bonne partie de son enfance à s'occuper de sa mère malade.

«Ma mère souffrait du diabète et les soucis s'accumulaient en permanence. Elle s'appuyait tellement sur moi que je finissais par lui en vouloir, mais maintenant que je suis mariée et mère d'un enfant, je me rends compte que tout ce que j'ai pu faire pour ma mère a été la meilleure école. Je sais ce que c'est, renoncer à certaines choses, et je suis plus patiente avec mon fils que la plupart de mes amies avec leurs enfants.»

Un enfant unique à qui ses parents ont souvent demandé son avis saura, une fois adulte, prendre des décisions mûrement réfléchies.

Un enfant trop immergé dans les soucis des adultes risque de devenir anxieux en grandissant, mais peut-être en acquerra-t-il aussi la sagesse nécessaire pour prendre des décisions réfléchies. Louis, vingt-cinq ans, songe à changer d'emploi. Il travaille pour un studio cinématographique de Los Angeles, mais une entreprise de marketing lui a proposé un poste mieux rémunéré dans une autre ville.

«La plupart des gens auraient sauté sur l'occasion, uniquement en raison du salaire. Mais j'ai examiné chaque aspect de la proposition et les conséquences à long terme de mon déménagement. Mes parents m'ont souvent demandé mon avis et prenaient mon opinion au sérieux.» Louis sait qu'il a parfois tendance à atermoyer, mais il est persuadé que pour faire un choix intelligent il faut prendre son temps.

Comment éviter de traiter votre enfant en adulte

Voici quelques conseils recueillis auprès des parents d'un enfant unique :

- Faites de la maison un lieu où l'enfant peut vivre son enfance, où il se sent libre d'inviter ses amis, de flâner, de grignoter et de faire quelques bêtises. Limitez le formalisme à des occasions spéciales ou à certaines pièces, comme la salle de séjour. Ménagez de nombreux endroits où votre enfant et ses amis peuvent se détendre.

- Fixez des limites. Si vous êtes tenté de mêler votre enfant à votre mariage ou à vos querelles conjugales, réfléchissez avant d'agir. Il vous aime tous les deux et ne veut pas être obligé de prendre parti.

- Ne donnez pas trop de détails à votre enfant sur vos relations sentimentales avec votre conjoint ou vos amis. L'enfant veut simplement s'assurer que vous êtes présent dans sa vie, pour le guider et le protéger.

- La culture est importante, certes, mais n'en faites pas une obligation. Si votre enfant ne supporte qu'un quart d'heure dans un musée, n'essayez pas d'augmenter la dose. Emmenez-le à des concerts pour enfants et surveillez sa réaction. Si votre enfant de sept ans préfère passer une soirée à la maison à lire *Les Aventures de Boomerang le kangourou*, ne le condamnez pas à trois heures de Beethoven, sauf s'il est musicien en herbe ou s'il insiste pour vous accompagner.

- Les enfants ne sont pas aptes à prendre des décisions d'adultes. Ne demandez pas à votre fille de neuf ans ce qu'elle pense de votre idée d'installer sa grand-mère dans une maison de santé. C'est vous qui devez prendre la décision, même s'il est ensuite nécessaire de l'expliquer à votre fille, en termes qu'elle comprendra.

Si vous avez envie de passer vos vacances en Italie et que l'enfant veut aller à Disneyland, c'est à vous de décider du type de vacances qui sera le plus agréable à la famille. Ne laissez pas l'enfant vous dicter sa volonté.

TEST D'AUTOÉVALUATION

Traitez-vous votre enfant en adulte ?

- Discutez-vous de votre mariage avec votre enfant ?
- Votre enfant doit-il assumer des responsabilités d'adulte ?
- Emmenez-vous souvent votre enfant unique à des dîners, des fêtes ou des manifestations culturelles destinées aux adultes, où il est la seule personne de moins de trente ans et où il se sent obligé de se comporter en enfant modèle ?
- Avez-vous tendance à garder l'enfant à la maison au lieu de le laisser aller jouer ailleurs parce qu'il est votre meilleur ami et que vous ne voulez pas le perdre ?
- Avez-vous omis d'établir une frontière entre le monde des adultes et celui de votre enfant ? Lui confiez-vous « absolument tout » parce que vous estimez qu'il est préférable d'être franc avec les enfants, même si cela les angoisse ?
- Avez-vous créé un intérieur où tout doit toujours être à sa place et qui est digne des pages d'un magazine de décoration ?
- Votre bien-être émotionnel est-il inféodé à votre relation avec l'enfant ?
- Estimez-vous votre enfant capable d'établir des priorités et d'organiser sa vie aussi bien qu'un adulte ?

Si vous avez répondu par l'affirmative à l'une de ces questions, vous traitez sans doute votre enfant en adulte. En général, c'est un péché que les parents d'un enfant unique commettent par intermittence. Mais plus vite vous en prendrez conscience, plus vite vous cesserez de le faire. Les parents qui essaient de faire de leur bambin un adulte en miniature ont aussi tendance à l'ensevelir sous les louanges, lui renvoyant ainsi une image déformée de lui-même. C'est le septième péché, dont nous allons discuter au chapitre suivant.

CHAPITRE SEPT

L'ENFANT TROP COMPLIMENTÉ

Je suis un enfant unique de trente-sept ans, marié, père d'un enfant. Croyez-le ou non, le seul aspect négatif de ma situation d'enfant unique était l'avalanche perpétuelle de louanges qu'on m'adressait. J'avais beau commettre des erreurs ou échouer à un examen, pour mes parents j'étais toujours le meilleur et je pouvais réussir dans tous les domaines. Mais comme je n'étais pas stupide, je savais qu'ils ne me disaient pas la vérité. De fait, mes parents m'ont donné le sentiment d'une valeur qui n'était pas la mienne et c'est un handicap que j'ai dû surmonter à l'école, au travail, avec mes amis. Il m'a fallu des années pour trouver mes repères. Aujourd'hui, je me comporte différemment à l'égard de mon enfant. Je l'encourage et je l'aide, mais je ne le complimente que lorsqu'il le mérite vraiment. Par leurs louanges, mes parents essayaient de flatter mon amour-propre. Mais tout ce qu'ils ont réussi à faire, c'est me donner l'impression d'être un imposteur.

Nous voici arrivés au septième et dernier péché, mais non le moindre. Les parents ont tendance à complimenter sans cesse leur enfant unique parce que, pour eux, il est un être extraordinaire. Désireux de rendre la vie la plus agréable possible à leur enfant, ils saisissent toutes les occasions pour valoriser son amour-propre. Or, il est possible que l'excès de louanges soit une forme de compensation chez des parents qui se sentent coupables de n'avoir qu'un enfant. Ils essaient de montrer au monde qu'ils font d'aussi bons parents que ceux qui ont plusieurs enfants.

D'autres facteurs peuvent aussi donner lieu à un excès de compliments. Des parents qui attendent la trentaine ou la quarantaine avant d'avoir un enfant prennent parfois leur tâche plus au sérieux que les jeunes parents. Ils ont voyagé, leur carrière est bien établie et ils ont une identité forte. La procréation est une étape tardive de leur vie et ils comptent s'y prendre correctement. Ils ont lu tous les livres sur le sujet et savent qu'être un bon parent consiste notamment à aider l'enfant à avoir confiance en lui.

Quand j'étais jeune, les parents n'avaient jamais entendu parler de l'importance de l'amour-propre. En général, nous ne recevions de compliments que lorsque nous avions accompli un exploit extraordinaire, par exemple empêché le bébé de s'étouffer, sauvé le chien au moment où une auto allait l'écraser, fini premier de classe. Le reste du temps, nous devions accomplir nos tâches, nous conduire correctement, respecter les traditions.

Nous sommes tous parvenus à l'âge adulte, avec ou sans amour-propre. J'avoue que j'aurais aimé qu'on me félicite même lorsque j'avais des B sur mon bulletin scolaire, mais il n'y avait aucune chance que cela se produise. J'aurais été aux anges si ma mère m'avait complimentée pour avoir fait la vaisselle après le repas de Noël. On me remerciait gentiment, certes, mais c'était tout.

Au cours des années 1960 et 1970, ma génération s'est rebellée. Nous étions fatigués de passer notre temps en compagnie de parents qui voulaient faire de nous des moutons. Nous étions des révolution-naires et revendiquions notre individualité. Mais je ne me souviens pas d'avoir espéré soigner mon amour-propre (je ne savais même pas ce que c'était) ou de m'être inquiétée de savoir si quelqu'un appréciait ce que je faisais.

Les parents d'aujourd'hui sont les héritiers de cette génération qui a suscité l'intérêt des spécialistes de la personnalité et de l'enfant. Soudain, éducateurs et psychologues affirmaient que l'amour-propre était indispensable à la croissance et les parents les ont écoutés, surtout ceux qui n'avaient qu'un enfant. C'est ainsi que la notion d'amour-propre véritable – qui devrait être un amalgame de valorisation de soi et de capacité de résoudre les problèmes – a été réduite au bien-être que l'enfant ressent lorsqu'on l'inonde de compliments.

Dans les familles nombreuses, les parents sont souvent trop occu-pés à surveiller un enfant pour remarquer ce que font les autres. Ces parents n'ont pas le temps de flatter l'ego de leurs enfants en les com-plimentant sans arrêt. Mais les parents qui n'ont qu'un enfant enten-dent tout et voient tout ce qu'il fait. Dès qu'il émet une observation du genre : « L'océan ressemble au ciel, car tous les deux sont bleus », il est félicité comme un génie, alors qu'il est simplement un enfant normal.

Les parents d'un enfant unique sont souvent perfectionnistes. À leurs yeux, les meilleurs parents sont ceux qui font tout pour compli-menter leur enfant et nourrir son amour-propre. Au fond d'eux-mêmes, ils craignent l'idée selon laquelle l'enfant unique ratera sa vie, alors ils espèrent faire du leur un être bien dans sa peau. Pourtant, noyer un enfant dans les éloges et nourrir son amour-propre sont deux choses différentes. La première n'aboutit pas forcément à la seconde.

Les parents d'un premier enfant sont souvent anxieux : s'ils ne s'y prennent pas correctement, pensent-ils, l'irréparable pourrait se pro-duire, l'enfant pourrait ne pas les aimer en retour ou se sentir diminué parce qu'on ne le complimente pas assez. Quand on a plusieurs enfants, on prête attention à chacun et personne ne se formalise si on oublie d'en féliciter un pour un exploit mineur. Mais les parents d'un enfant unique craignent que, s'ils oublient de féliciter leur petit génie après une répétition de piano ou une descente à ski, il se sentira négligé et malheureux. Ces parents feraient mieux d'apprendre à l'enfant à se féliciter et à se récompenser lui-même. Mais nous en reparlerons plus loin.

Trop de compliments

Les parents sont fascinés par leur premier enfant. Après chaque moment merveilleux, ils parviennent à peine à s'intéresser à autre chose. Ils s'exclament chaque fois que l'enfant franchit une étape de sa croissance. Tout ce qu'il réussit est pour eux une révélation. Le premier sourire, la première fois qu'il réussit à se retourner dans son berceau, qu'il s'assoit ou qu'il marche sont des événements prodigieux, qui méritent d'être soulignés avec enthousiasme. Mais les parents d'un enfant unique exagèrent souvent («Tu es le plus merveilleux des bébés») parce que ce n'est pas seulement la première fois qu'ils sont témoins des progrès d'un bambin ; c'est aussi la dernière. Malheureusement, ils risquent d'en faire un individu qui s'attendra à être félicité pour tout, avec le même enthousiasme.

L'inflation des superlatifs

«Lorsque nous avons décidé de n'avoir qu'un enfant, explique Marlène, Guillaume et moi savions que tout ce que ferait Charles aurait une importance extraordinaire pour nous. Chaque fois qu'il faisait ou apprenait quelque chose de nouveau, nous prenions soin de le noter. Nous lui faisions des compliments. Nous ne pensions pas exagérer en lui disant qu'il était peut-être aussi doué que Picasso.

Lorsqu'il a commencé à jouer au baseball, on a remarqué ses talents de lanceur dès son premier match et nous étions très fiers de lui. Nous lui répétions qu'il était le meilleur lanceur du monde.» Hélas, Charles a cru ces louanges et s'est pris pour une vedette, mais il n'a jamais pu répéter ses exploits du premier match et s'est mis à broyer du noir. S'il était aussi bon que ses parents le prétendaient, pourquoi donc n'était-il pas une star?

Il faut féliciter un enfant unique pour ce qu'il est et non pour ce que ses parents espèrent qu'il deviendra. Les enfants comme Charles risquent de connaître l'échec et la déception, car leurs parents se sont contentés de gonfler leur ego sans leur apprendre à travailler fort pour corriger leurs faiblesses. Les superlatifs risquent de faire croire à l'enfant que personne n'est meilleur, plus extraordinaire, plus méritant que lui.

Mathilde a douze ans et ses parents la gâtent depuis sa naissance. C'est qu'ils essayaient d'avoir un enfant depuis longtemps et, lorsqu'elle est enfin arrivée, ils l'ont considérée comme un cadeau des dieux. Ils ont tenté de la convaincre qu'elle réussirait tout ce qu'elle entreprendrait.

«Nous pensions qu'en la complimentant nous l'aiderions à obtenir tout ce qu'elle désirait. Et, naturellement, comme elle est notre enfant unique, nous voulions qu'elle ait tout. L'an dernier, elle s'est mise à jouer au tennis. Dès le départ, nous lui avons répété qu'elle était très bonne. Nous voulions la rassurer, la persuader qu'elle avait autant de chances que d'autres enfants plus âgés qu'elle. Mais cela nous est retombé sur le nez. Plus nous la félicitons, moins elle progressait. Un jour, elle a éclaté en sanglots dans la voiture: elle voulait abandonner le tennis. Elle disait que je lui avais menti, qu'elle n'était pas la meilleure joueuse du monde et que tout le monde le savait.»

Les parents de Mathilde n'essayaient pas de la tromper délibérément, mais ils ne savaient pas comment l'encourager. Ils auraient pu lui faire remarquer que son coup droit s'était amélioré, mais que son revers laissait à désirer. Ainsi, elle aurait compris que ses parents avaient sa réussite à cœur, et puis elle aurait su quoi faire pour progresser. En réalité, les superlatifs dont abusaient ses parents l'ont trompée.

Les louanges ne fabriquent pas l'amour-propre

Notre société fait tout pour nous aider à nous sentir à l'aise dans notre peau. L'achat d'une nouvelle voiture ou d'une tenue à la mode est censé nous rendre heureux. Qui n'a pas envie de se sentir épanoui ? Mais ces doses ponctuelles de plaisir n'ont qu'un temps. Trois mois après avoir acheté notre bolide, nous constatons qu'une portière est rayée et notre enthousiasme fond. Après avoir porté nos nouveaux vêtements à quelques reprises, nous ne les trouvons plus aussi fabuleux. Pour que nos enfants soient équilibrés, nous devons bâtir leur amour-propre (et le nôtre) peu à peu. Il ne suffit pas de les couvrir de compliments pour les valoriser et leur permettre d'acquérir une véritable confiance. Il faut créer un milieu où l'enfant pourra surmonter les obstacles et connaître ses forces et ses faiblesses. Un enfant unique qui a été louangé toute sa vie ne saura peut-être pas faire la différence entre le plaisir et la confiance en soi.

En juin, Bénédicte a fait un voyage avec la classe et à cette occasion elle n'a pu surmonter un obstacle. Habituellement, ses parents étaient là pour la féliciter et lui répéter qu'elle était fantastique. Or, une des « épreuves » du voyage consistait à grimper à la corde et Bénédicte est restée figée de terreur.

« J'étais debout devant la corde et je savais que je n'y arriverais jamais. Jusque-là, tout m'avait toujours paru possible parce que mes parents étaient toujours derrière moi à me répéter que j'étais la meilleure, que je n'aurais aucun problème à entrer à l'université, que je serais capitaine de l'équipe de basketball. Mais, là, pour la première fois, j'étais seule. Alors j'ai eu la nausée et j'ai renoncé à grimper à cette corde. Les autres ont essayé de m'aider, mais je n'avais pas confiance en moi.»

Bénédicte a été la seule élève à revenir à la maison sans avoir réussi cette épreuve. Les autres débordaient de fierté et se félicitaient d'avoir surmonté leur frayeur, alors qu'elle ne pouvait s'empêcher de penser qu'elle était une froussarde. Ses parents croyaient avoir nourri son amour-propre, mais, lorsqu'elle en avait eu besoin, il n'avait pas répondu à l'appel. Ses parents, qui l'adoraient, étaient persuadés qu'elle pouvait tout faire, mais elle-même n'en avait jamais eu la preuve.

Hantés par les stéréotypes selon lesquels un enfant unique sera plus tard un inadapté, les parents agissent parfois de manière excessive pour gonfler l'ego de l'enfant. De plus, ils sont terrifiés à l'idée que leur petit prodige se contentera d'être moyen en tout. Même si les parents se disent: «Nous voulons seulement qu'il soit heureux», en réalité ils veulent beaucoup plus que cela. Ils espèrent que l'enfant se distinguera d'une manière ou d'une autre et, pour l'aider à accomplir des exploits, ils le complimentent sans cesse.

Yves, vingt-cinq ans, est né alors que ses parents avaient déjà un certain âge. Il ne se souvient pas d'une journée où son père ou sa mère ne l'a pas complimenté. Ses parents étaient tous deux issus d'une famille nombreuse et lorsqu'il est devenu évident qu'Yves serait leur unique enfant, leur entourage a été horrifié. Tous estimaient qu'un enfant unique ferait un adulte bizarre, incapable de se débrouiller dans la vie. Bien décidés à éviter cela, les parents d'Yves ont pensé qu'en louant constamment leur fils ils lui donneraient la confiance néces-saire pour qu'il réussisse sa vie. S'il accomplissait une tâche ordinaire pour un gamin de son âge, sa mère lui donnait cinq dollars. S'il faisait correctement ses devoirs de maths, ses parents ne se contentaient pas de lui dire: «Tu as bien résolu un problème difficile. Bravo!», ils rajou-taient: «Tu es un mathématicien extraordinaire!» Quand il rangeait sa chambre, sa mère lui disait: «Tu fais ça tellement bien que tu pourrais ouvrir ta propre blanchisserie!» Croulant sous les compliments, Yves manquait terriblement de confiance en lui. Au bout de quelques années, les louanges des parents étaient devenues une espèce de bruit de fond auquel il s'était habitué, mais qui n'avait plus vraiment de sens.

Tout a changé lorsqu'il a terminé ses études universitaires et décroché son premier emploi dans l'édition. «Pour la première fois, personne n'allait me féliciter pour mon travail. Personne n'allait me dire que j'étais fantastique et que j'étais destiné à remplacer un jour l'éditeur. Je devais apprendre ce métier sur le tas et je ne comprenais pas pourquoi mon supérieur ne me félicitait pas en permanence. Au bout d'un an, j'ai pensé à démissionner, car je ne voyais pas pourquoi je continuerais à travailler sans être récompensé par des louanges.» Yves désirait ardemment que son travail soit reconnu par ses supérieurs, mais il lui a fallu quelques dures années de thérapie pour comprendre qu'il ne savait pas vraiment ce qu'étaient les compliments, parce qu'il était incapable de se complimenter lui-même: ses parents l'avaient toujours fait pour lui. Ils ne lui avaient jamais laissé la possibilité de découvrir ce qui lui plaisait ou le décevait dans ses propres résultats. Or, si Yves avait appris à se satisfaire lui-même de son travail, il n'aurait pas eu besoin des autres pour être content de lui.

Rattraper le temps perdu

Lorsque les parents travaillent et ne voient leur enfant que le soir, ils désirent par-dessus tout lui faire comprendre à quel point il compte pour eux, même s'ils ne sont jamais là. L'enfant est leur univers et ils se sentent obligés de le lui rappeler. Absents le jour, ils s'efforcent le soir ou le week-end de rattraper le temps perdu. Le même phénomène s'observe chez les parents célibataires qui travaillent à temps plein. C'est une forme de surcompensation qui, au premier coup d'œil, semble relativement inoffensive, peut-être même nécessaire au bien-être de l'enfant. Mais un parent qui vit fréquemment à la maison avec l'enfant peut le féliciter tout au long de la journée de manière plus positive, car les compliments portent alors sur de petites réalisations concrètes et bien précises.

Suzanne a cinq ans. Sa mère travaille à temps partiel. À quinze heures, elle passe la prendre à l'école et elles rentrent ensemble à la maison. En général, la mère aime bien finir la lessive avant le souper. Suzanne l'aide à plier et à ranger le linge propre. Lorsque Suzanne s'est bien débrouillée, sa mère lui dit : «Merci d'avoir bien plié les serviettes. Tu m'as beaucoup aidée.» Suzanne aime aussi s'entraîner à l'écriture pendant que sa mère travaille à l'ordinateur. Au fur et à mesure que l'enfant progresse, la mère la félicite : «Je suis impressionnée. Tes lettres sont claires et nettes. Ton *B*, en particulier, est très réussi. Tu avais du mal la semaine dernière, mais tu t'es beaucoup améliorée.»

Les parents qui rentrent fatigués du travail n'ont pas toujours le temps de dispenser de simples compliments qui portent sur un aspect concret de la vie de l'enfant. Ils sont souvent bombardés d'exemples de ce que l'enfant a fait à l'école ou avec sa gardienne pendant qu'ils étaient au travail. «Papa, regarde! J'ai dessiné ces requins dans mon cours de sciences! Qu'en penses-tu?» Il est fort possible que le père réponde : «Fantastique! Tu es un artiste extraordinaire!» au lieu de : «Tu sembles avoir très bien observé et reproduit le corps du requin. Ses grandes dents me font peur, tellement elles ont l'air tranchantes!» Mais le père se sent coupable et pense qu'en qualifiant son fils d'artiste il lui affirme que son amour paternel est toujours aussi fort.

Justine, six ans, a passé la journée à vêtir ses poupées de papier hygiénique. «Tu es la meilleure dessinatrice de mode du monde entier», affirme Perle, sa mère, en rentrant le soir. Justine a fait un dessin du chat absolument «spectaculaire» et elle a mis la table comme un «vrai maître d'hôtel». Justine entend ces compliments et se demande comment elle fait pour être si douée! «Lorsque je rentre le soir, explique Perle, je veux que ma fille unique sache à quel point je l'aime et je l'admire. Alors je la félicite en permanence. Je me sens terriblement coupable de ne pas être présente durant le jour. Les week-ends, nous passons beaucoup de temps ensemble et si elle réussit quelque chose de particulier ou range ses jouets sans que j'aie besoin de le lui rappeler, ça ne me dérange pas de lui répéter qu'elle est absolument merveilleuse.»

En réalité, Perle serait alarmée si elle savait que ces compliments généraux ne sont pas le meilleur moyen de nourrir l'amour-propre de sa fille. Même si elle se sent coupable de laisser Justine en compagnie de sa gardienne, elle devrait faire un effort pour transformer ses compliments vagues en éloges précis, comme le fait la mère de Suzanne. Ainsi, Justine comprendrait que si elle fait quelque chose de bien, c'est parce qu'elle a franchi les étapes nécessaires pour y parvenir. Les compliments ne coûtent pas cher et sont une solution simple. Perle n'a pas vu comment Justine est passée des premiers personnages en allumettes aux dessins de visages expressifs. Une enfant qui sait comment elle est parvenue à accomplir quelque chose apprendra à réfléchir, à faire preuve d'originalité et à se débrouiller dans la vie, car elle aura confiance en elle et en ses capacités.

Les types de compliments les plus courants

Bien que chaque parent ait sa façon de complimenter exagérément son enfant, on peut diviser les éloges en plusieurs types. Nous sommes tous tombés dans chacun de ces pièges à un moment ou l'autre.

Les bisous et câlineries
Qui peut résister au désir d'embrasser et de câliner son enfant? C'est le centre de notre univers, le soleil qui donne un sens à notre vie. Mais

les signes d'affection qui sont des compliments déguisés devraient être limités. Si vous serrez votre enfant dans vos bras chaque fois qu'il accomplit une tâche banale, ces démonstrations d'affection deviendront sa principale motivation. Les parents d'enfants uniques sont tellement attachés, physiquement et psychologiquement, à leur «bébé» que les bisous et les câlineries peuvent finir par signifier: «Nous t'adorons et tu es fantastique.» Quel mal y a-t-il à cela? Eh bien, votre enfant risque de devenir entièrement dépendant des démonstrations d'affection et s'attendra à être traité de cette façon par tout le monde, tout au long de sa vie. Ou cela risque de l'empêcher d'apprendre quels sont les moments opportuns pour se livrer à des démonstrations d'affection et en recevoir. Des louanges alliées à de constantes démonstrations d'affection feront de votre enfant un adulte obsédé par le désir de plaire à tout le monde. Naturellement, l'affection spontanée est importante pour le développement de l'enfant, mais je parle ici de parents qui utilisent ces démonstrations comme des louanges. L'enfant risque de ne pas interpréter correctement le message et de perdre toute capacité d'acquérir confiance en lui.

Monique et Guy ont un fils unique, Christian, âgé de douze ans. Les parents ont grandi dans des familles nombreuses, où les démonstrations d'affection étaient minimales et les éloges, plutôt occasionnels. Certes, leurs parents les embrassaient le soir, mais cela ne suffisait pas aux enfants. Lorsque Monique et Guy ont eu Christian, ils s'étaient promis de l'embrasser et de le câliner autant que cela leur plairait. De fait, ils ont décidé de n'avoir qu'un seul enfant afin de lui offrir toute l'attention dont ils n'avaient eux-mêmes pas pu jouir autrefois.

«Quand Christian a été assez grand pour comprendre la relation entre une chose bien faite et des bisous, dit Monique, nous avons commencé à le récompenser de cette manière. S'il marquait un but au football, nous l'embrassions dès qu'il sortait du terrain. Lorsqu'il avait de bonnes notes en maths, nous lui disions qu'il était exceptionnellement doué et nous le récompensions par des démonstrations d'affection. Plus vieux, il a commencé à attendre de nous ces réactions dans toutes les situations. Et puis, il y a quelques mois, ma mère est tombée malade et nous l'avons installée chez nous pour la soigner. De ce fait, nous n'avons plus été en mesure de concentrer toute notre attention sur Christian. J'ai alors remarqué qu'il dépendait terriblement de nos marques d'affection. Il se suspendait à nous et se mettait à pleurer si nous ne l'embrassions pas dès qu'il avait fait quelque chose de bien. Un jour, il a eu un A en géographie et s'attendait à crouler sous les bisous, mais nous étions sur le point d'emmener ma mère chez le médecin. Christian s'est mis à pleurnicher et à nous demander pourquoi nous ne l'embrassions plus pour son travail. J'ai dû tout laisser tomber pour le consoler et nous sommes arrivés en retard à la clinique.»

Manifestement, Christian souffrait de voir son petit monde chamboulé. Habitué à recevoir sa récompense, il ne lui était jamais venu à l'esprit de se récompenser lui-même. En bref, il était encore un bébé : il voulait que les autres le réconfortent.

Lorsqu'un enfant unique devenu adulte noue des relations sentimentales, le besoin exagéré de louanges peut éloigner l'être aimé. C'est ce qui est arrivé à Larissa, vingt-huit ans. Elle avait eu deux liaisons sérieuses, qui s'étaient mal terminées parce qu'elle exigeait trop de ses compagnons.

«Mes parents m'adoraient et passaient leur temps à m'embrasser. Si je dressais bien la table, mon père me donnait un baiser sur la tête. Si j'accomplissais correctement mes tâches, ma mère me serrait dans ses bras. Je ne demandais pas mieux, même si parfois la raison de ces effusions n'était pas évidente. Je n'avais pas l'impression de faire quoi que ce soit d'extraordinaire. Mais j'ai fini par considérer ces manifestations comme essentielles à mon existence, et si on m'en privait, je faisais une scène : "Tu ne m'embrasses pas ? Tu n'aimes pas mon dessin ?" Lorsque j'ai commencé à sortir avec un garçon, je m'attendais au même comportement. Il n'était probablement pas différent de la majorité des hommes, mais j'en voulais davantage. Je pensais qu'il m'embrasserait dès que je ferais quelque chose pour lui. Un simple remerciement ne me suffisait pas. Je voulais tout et cela l'a éloigné de moi. J'étais trop exigeante. Malheureusement, j'ai commis la même erreur avec le deuxième, qui, bien que plus démonstratif, ne l'était pas encore assez à mon goût. Au départ, je croyais qu'ils avaient quelque chose qui ne tournait pas rond. Maintenant, je sais que c'est moi qui ai un problème. Si je veux nouer une relation durable, je devrai apprendre à me récompenser moi-même plutôt que d'attendre les marques d'affection des autres.»

L'enfant unique qui reçoit des signes d'affection spontanés et des éloges appropriés (sans raison particulière) pendant sa croissance se sentira assez bien dans sa peau pour comprendre que ce n'est pas parce qu'il vient d'accomplir une tâche quelconque qu'il doit s'attendre automatiquement à des embrassades. Le plus important, c'est l'affection spontanée, qui vient droit du cœur.

L'enfant-dieu

L'enfant qui reçoit en permanence des éloges peut finir par se prendre pour un dieu, incapable de commettre la moindre erreur. Ses parents lui ont répété si souvent qu'il est exceptionnel et meilleur que les autres qu'il y croit. Cet enfant risque de devenir un adulte narcissique, indifférent aux conséquences de ses actes et aux sentiments d'autrui. Il vit pour lui-même, parce que ses parents l'ont élevé ainsi. Tout ce qu'il a entendu dans sa jeunesse, c'est : «Tu es fantastique!» ou «Tu es le meilleur!»

Gérald, cinquante-six ans, est le fils unique d'un très riche homme d'affaires. Il a fréquenté les meilleures écoles et était bon élève. Ses parents l'idolâtraient et ne le contrariaient jamais.

«Ils ne m'ont jamais rien reproché, se souvient Gérald. J'étais leur idole et je suis devenu un adulte prétentieux. Les compliments de mes parents ont dilaté mon ego. J'étais convaincu que personne ne m'attraperait si je faisais des bêtises. À l'université, j'en ai eu assez de dépendre financièrement de mes parents et je me suis mis à voler des skis au Colorado. C'était un moyen facile et excitant de gagner de l'argent. J'ai souvent failli me faire prendre, mais je me sentais invincible. J'ai continué de vivre comme ça, jusqu'au jour où j'ai été arrêté pour avoir revendu de la marijuana. J'étais dans la trentaine. Dix ans plus tard, je me suis retrouvé une fois de plus en prison pour fraude. J'ai trompé ma femme et dupé mes associés parce que j'étais certain de pouvoir m'en tirer. Naturellement, mon mariage et mon entreprise ont chaviré. J'ai dû revoir tout ce que mes parents m'avaient dit. Il m'a fallu du temps pour me réinventer sous la forme d'un individu capable de prendre les besoins des autres en considération et qui ne se croit pas au-dessus des lois.»

Gérald était une âme tourmentée. Ses parents croyaient lui avoir donné le meilleur départ possible dans la vie, alors qu'en réalité ils lui avaient plutôt infligé un lourd handicap.

L'histoire de David, vingt-six ans, enfant unique d'immigrants chinois, est essentiellement la même. Pour ses parents, il était le dieu, l'idole, la huitième merveille du monde. Il était l'héritier du nom et ses parents attendaient de lui qu'il devienne un homme important. À six ans, David a appris le violon. Ses débuts étaient prometteurs et ses parents étaient émerveillés. À douze ans, il remportait des concours, mais au bout d'un certain temps il a cessé de consacrer ses quatre heures quotidiennes au violon.

«Je me croyais capable d'être le meilleur violoniste sans faire le moindre effort. Malheureusement, ça n'a pas marché et, au lieu d'être embauché par un prestigieux orchestre, je me suis retrouvé au collège, à suivre des cours de rattrapage afin de pouvoir être admis dans une université correcte. J'ai manqué l'occasion de faire une belle carrière de musicien et il m'a fallu trouver autre chose. C'est mon ego qui m'a empêché de réussir. Dans la culture chinoise, un enfant unique de sexe masculin est vénéré comme un prince. Ce n'est pas une bonne idée, car les princes ne sont pas obligés de travailler ni d'assumer les consé-quences de leurs actes.»

Malheureusement, ni Gérald ni David n'ont tiré profit de l'adulation de leurs parents. Si quelqu'un avait expliqué aux parents qu'en gonflant l'ego de leur enfant unique ils risquaient d'hypothéquer son avenir, ils se seraient certainement comportés différemment à son égard.

Les récompenses matérielles en guise de louanges

En offrant une récompense matérielle à un enfant qui s'est bien conduit, nous lui faisons comprendre que son comportement mérite rétribution, et non que nous sommes fiers de lui. Il y a pourtant une différence entre l'excès de gâteries et l'utilisation des récompenses matérielles en guise de louanges.

L'excès de gâteries est généralement spontané, dépourvu de but précis. Il peut arriver que les parents gâtent l'enfant parce qu'ils ne savent pas faire autrement. Mais lorsque l'enfant reçoit un bracelet en argent parce qu'il a eu un A en histoire, ou un biscuit chaque fois qu'il dresse la table, le message est très clair. Malheureusement, l'enfant qui n'est motivé que par la perspective d'une récompense matérielle devient incapable d'agir de lui-même. Il devient un animal de cirque qui sait exactement quels tours exécuter pour recevoir sa récompense. L'enfant ne peut pas comprendre que l'apprentissage de la vie se fait grâce aux erreurs, qu'il faut généralement commencer au bas de l'échelle avant de s'élever peu à peu vers le sommet. Si l'enfant n'ac-cepte d'agir que lorsque son père lui promet un jouet flambant neuf, il ne saura jamais dans quelle mesure il est capable de se débrouiller seul.

Lorsqu'on n'a qu'un enfant, il faut à tout prix éviter le piège des récompenses matérielles, d'autant que les parents ont déjà tendance à donner à leur enfant unique plus qu'ils en donneraient à plusieurs enfants. S'ils y ajoutent les récompenses matérielles, l'enfant se métamorphosera en despote qui s'attendra à recevoir un cadeau chaque fois qu'il rangera ses affaires ou terminera ses devoirs avant le souper.

Michelle a douze ans. Ses parents ont commencé à lui offrir des récompenses dès qu'elle s'est mise à leur demander pourquoi elle devait faire ses devoirs. Ils ont d'abord répondu : «Parce que ton institutrice te l'a demandé et parce que cela t'aide à apprendre.» Cela ne lui a pas suffi. Chaque soir, elle refusait de faire ses devoirs et se mettait à pleurnicher. Les parents ont pensé qu'il n'y avait aucun mal à lui offrir une récompense pour l'inciter à travailler.

«Nous lui avons promis que, si elle faisait ses devoirs et réussissait les interrogations écrites, nous lui donnerions de l'argent pour s'acheter ce qu'elle voudrait. Nous ne sommes pas riches, mais nous pouvions consentir cet effort. Après tout, nous n'avions que Michelle. Nous espérions que les récompenses l'inciteraient à mieux travailler et à être fière d'elle. Nous n'avons jamais pensé que cela la rendrait si cupide que nous finirions par la payer pour qu'elle fasse ses devoirs.»

Michelle s'est tellement habituée à recevoir de l'argent et des cadeaux de ses parents qu'un jour elle a demandé tout bonnement à sa mère : «Maman, si je fais mon devoir d'anglais, est-ce que tu m'achèteras une paire de chaussures ?»

Les parents ont compris qu'ils avaient créé un monstre. «Nous avons essayé de lui expliquer que l'argent et les cadeaux étaient des récompenses et non des choses qui lui revenaient de droit.» Mais Michelle n'a pas voulu comprendre et la suite des événements a été pénible pour tout le monde. Les parents ont dû littéralement sevrer leur fille afin de l'aider à retrouver le sens des proportions et d'éviter la faillite, car ces cadeaux avaient sérieusement entamé leurs économies. Pour les camarades de Michelle, une bonne note était une récompense, mais pour elle cela ne suffisait pas.

Offrir des cadeaux à l'occasion des anniversaires ou des fêtes est tout à fait normal. Il n'y a aucun mal à offrir de temps à autre — je dis bien de temps à autre — un petit cadeau à l'enfant, «parce que nous t'aimons». Mais les enfants à qui l'on offre trop de récompenses matérielles deviennent incapables de faire le moindre effort s'il n'y a pas un cadeau au bout.

Les conséquences de l'excès de compliments

L'excès de compliments peut donner naissance à des attentes irréalistes.

L'enfant unique que l'on complimente trop peut devenir esclave de l'approbation des autres et risque d'être prêt à tout pour recevoir des louanges.

Si vous félicitez votre enfant pour tout et rien, il fera n'importe quoi pour recevoir des louanges. Privé de cette drogue, il sera dépourvu de ressources et risquera d'énerver ses professeurs, parce qu'il aura constamment besoin d'encouragement. Il pourrait même tricher pour recevoir ces éloges.

«Nous voulions que Jonathan réussisse à l'école, explique sa mère, Liliane. C'est notre fils unique, nous voulions l'aider à devenir quelqu'un de bien.» Mais, récemment, Jonathan a terriblement déçu ses parents: le professeur de maths l'a surpris en train de tricher pendant un examen. Liliane et son époux, Georges, ont été horrifiés. Ce n'était pas ce qu'ils avaient enseigné à leur fils! Mais au lieu de dire à ses parents qu'il avait des difficultés en maths, Jonathan a perdu les pédales et préféré tricher. Il ne pouvait supporter l'idée de les décevoir. Lors d'une réunion avec les parents d'élèves, Georges et Liliane ont été étonnés d'apprendre que leur fils se sentait si mal dans sa peau, car ils avaient tout fait pour lui donner confiance en lui.

L'enfant qui reçoit trop de compliments risque de s'attendre à en recevoir pour tout ce qu'il fait, même s'il obtient des résultats médiocres.

De fait, cet enfant risque de ne jamais apprendre à se juger lui-même. Si ses parents considèrent tout ce qu'il fait comme digne d'éloges, il n'apprendra pas à faire la différence entre la médiocrité et l'excellence.

Séréna, à l'école secondaire, s'entend mal avec son professeur d'anglais. «J'ai toujours apprécié d'être fille unique, car mes parents s'intéressent à tout ce que je fais. Ils lisent mes devoirs et me répètent que j'écris très bien. Mais cette année, j'ai un professeur qui n'aime pas ce que je fais. Il me répète que je devrais apprendre à mieux développer mes idées. Pourtant, je trouve que j'écris bien et mes parents sont de mon avis. Mon professeur m'a prise en grippe, tout simplement.» Ce n'est pas du tout le cas, mais Séréna a été élevée de manière à croire que tout ce qu'elle fait est exceptionnel. Ses parents lui ont appris à attendre des éloges.

Il est possible qu'un enfant habitué aux compliments ne puisse pas faire la différence entre un travail médiocre et un devoir dans lequel il a mis toute son énergie intellectuelle. Séréna «sait» déjà qu'elle écrit très bien parce que ses parents le lui ont maintes fois répété. Par conséquent, elle ne comprend pas pourquoi elle s'épuiserait à écouter les critiques de son professeur, du moins jusqu'au jour où elle verra son bulletin.

L'excès de louanges peut se retourner contre l'enfant.

Je n'ai jamais rencontré un seul parent qui n'était pas persuadé que son enfant unique était un prodige. Lorsqu'on n'en a qu'un, il est pratiquement impossible de penser autrement. Mais pour l'enfant, il est difficile d'être constamment à la hauteur de cette réputation. L'enfant qui croit devoir faire des miracles parce que ses parents le considèrent comme un dieu vit sur une corde raide. Il lui arrivera de flancher parce que la pression sera trop forte. Si les parents sont témoins de cette défaillance, ils devront réviser ce qu'ils attendent de leur enfant et essayer de cerner la personnalité véritable de l'être qu'ils chérissent le plus au monde.

L'enfant qui reçoit trop d'éloges risque d'être impopulaire auprès de ses camarades. S'il se prend pour le roi à l'école parce qu'il est le roi à la maison, il risque d'être ostracisé.

Lorsque Luc est entré à l'école secondaire, il a eu du mal à se faire de nouveaux amis. Ses parents lui répétaient à longueur de journée qu'il était le meilleur, alors, au lieu d'attendre et de laisser les autres venir à lui, il a essayé de s'imposer. À l'heure du dîner, il s'asseyait à côté de certains garçons et se vantait de ses prouesses au baseball et en maths. Mais il n'obtenait jamais la réaction escomptée. Plus il parlait de lui-même, plus les autres s'éloignaient. De fait, Luc a passé la majeure partie de l'année à être exclu de tous les groupes auxquels il avait essayé de s'intégrer. Finalement, un des élèves s'est rebiffé : pour qui Luc se prenait-il ? S'imaginait-il que les autres n'attendaient que lui ? Au bout du compte, Luc est devenu plus modeste et s'est fait quelques amis. Il s'est mis à écouter les autres et à les laisser diriger les jeux, ce qui lui a permis de découvrir qu'il était plus amusant de collaborer avec ses camarades que de vouloir les dominer.

L'excès de louanges déforme parfois la définition de l'approbation.

L'enfant aura du mal à se récompenser lui-même, car il lui faudra toujours l'approbation d'autrui. Un enfant qu'on félicite sans raison sera incapable de se juger et recherchera constamment l'approbation des adultes. S'il ne l'obtient pas, il abandonnera aussitôt. En outre, il risque de confondre amour et louanges. L'affection inconditionnelle lui sera entièrement étrangère. Il ne comprendra pas ce que n'importe quel enfant devrait savoir instinctivement : que l'amour n'est pas forcément accompagné de louanges ou de démonstrations d'affection. Il peut se manifester par un sourire, une caresse fugitive, le ton de la voix, un mot d'encouragement. Pour être aimé, il n'est pas nécessaire d'être toujours le meilleur, le plus beau ou le plus intelligent.

L'ego hypertrophié, qui est parfois le fruit d'un excès de louanges, risque également d'isoler l'enfant des amis qui pourraient lui apprendre ce que les frères et sœurs s'apprennent mutuellement : la tolérance, la résolution des conflits, l'entretien des relations affectives. Les amis de Luc, par exemple, sont essentiels à sa croissance émotionnelle. Ils l'aideront à devenir un adulte qui s'intéressera à son entourage et ne s'imaginera pas en savoir plus que les autres.

L'une de nos tâches parentales les plus importantes consiste à aider nos enfants à acquérir de l'amour-propre. Incontestablement, les enfants uniques reçoivent plus que leur part d'attention. Ce n'est pas parce qu'ils apprennent quelque chose de nouveau ou qu'ils accomplissent un effort particulier qu'il faut les couvrir de compliments. Leur réussite doit simplement être l'occasion, pour les parents, d'aider l'enfant à avoir confiance en lui et en ses aptitudes.

En raison de l'étroitesse du lien qui unit l'enfant et ses parents, il faut que ces derniers apprennent à distinguer l'adulation des éloges mérités, et cela n'est pas facile. Je ne veux pas dire par là que vous devriez vous retenir de prendre votre enfant dans vos bras pour lui dire qu'il est merveilleux. Mais il ne faut pas vous en tenir là. À la maison, l'enfant et les parents devraient pouvoir partager leurs expériences et s'entraider, apprendre à se connaître pour le meilleur et pour le pire. Les parents qui comprennent que l'amour-propre naît du sentiment d'être à la fois aimé et compétent élèveront un enfant toujours prêt à donner le meilleur de lui-même.

Les conséquences bénéfiques des éloges mérités

Même si vous vous méfiez de l'excès de louanges, ne craignez pas de féliciter votre enfant lorsqu'il le mérite. Voici certaines des conséquences positives des éloges :

- Les enfants qui se connaissent eux-mêmes nouent facilement des relations avec autrui. En revanche, l'enfant unique à qui ses parents ont toujours répété qu'il était le meilleur aura du mal à se faire des amis, car il essaiera toujours d'être la vedette du groupe.
- L'enfant doté d'un amour-propre authentique, capable d'assumer ses responsabilités, aura une influence positive sur les autres et s'adaptera plus facilement au changement.
- Un enfant louangé pour des raisons valables ne s'imaginera pas avoir tous les droits. En outre, il n'aura pas à dissimuler son anxiété derrière une façade d'arrogance.

Comment éviter de trop louer un enfant

- Lorsque vous discutez de ce que fait votre enfant, évitez les superlatifs. Vos éloges doivent être précis et descriptifs.
- Accompagnez les éloges de critiques constructives. Ainsi, l'enfant aura confiance en ses forces tout en étant conscient des faiblesses qu'il devra corriger.
- Lorsque votre enfant se lance dans une tâche difficile, encouragez-le ainsi : «Fais de ton mieux, mais ne t'inquiète pas si ça ne marche pas. Tu réessaieras une autre fois.» En revanche, en lui affirmant qu'il est tout à fait capable de réussir, vous donnez l'impression de ne pas connaître tous les éléments du

problème. Au lieu de lui donner confiance, vous risquez au contraire de l'angoisser.

- Laissez-le régler lui-même ses différends avec ses amis, à moins que cela s'envenime. Félicitez-le lorsqu'il parvient à des compromis avec ses amis. L'enfant qui se juge supérieur aux autres ne se fera guère d'amis.
- Votre enfant est responsable de sa réussite scolaire. Ne le récompensez pas chaque fois qu'il fait ses devoirs. Si vous pensez qu'il a besoin d'encouragement, offrez-lui une petite récompense à l'occasion, mais n'en faites pas une habitude.

TEST D'AUTOÉVALUATION

Louez-vous trop votre enfant?

- Utilisez-vous fréquemment des superlatifs lorsque vous louez votre enfant? Par exemple: «Tu es la plus jolie petite fille du monde!»; «Tu es le joueur de basket le plus extraordinaire!»; «Tu es un nouvel Einstein!»
- Votre enfant est-il déçu lorsque les autres ne le félicitent pas avec le même enthousiasme dont vous faites preuve à son égard?
- Saisissez-vous toutes les occasions pour dire à votre enfant qu'il est le meilleur, le plus beau, le plus intelligent? Confondez-vous louanges et amour-propre?
- Est-ce que votre enfant fait preuve d'une confiance excessive en lui-même lorsqu'il affronte une situation nouvelle ou délicate?
- Pour vous, l'amour doit-il toujours être assorti de compliments?

Si vous avez répondu par l'affirmative à l'une de ces questions, vous avez probablement tendance à trop complimenter votre enfant. Naturellement, il est important de le féliciter lorsqu'il le mérite, mais des compliments mal choisis ou inopportuns pourraient avoir des conséquences désastreuses.

Conclusion

Un enfant unique est une expérience unique. Les joies et les récompenses sont innombrables, de même que les épreuves. Les péchés dont nous avons discuté dans ce livre ne sont graves que s'ils deviennent coutumiers et que si les parents ne comprennent pas à quel point ils risquent de nuire à la croissance de l'enfant.

Ces péchés, je les ai tous commis. J'ai eu cependant la possibilité de me racheter grâce à l'intervention d'un enseignant, d'une amie, de mon mari, parfois de ma fille elle-même. Mais si j'avais connu ces péchés au préalable, j'aurais pris soin de ne jamais les commettre.

J'ai été chanceuse et vous le serez aussi. Vous savez maintenant à quels moments les parents doivent être vigilants et réclamer de l'aide à leur entourage. Vous ne laisserez pas des erreurs vous voler ce qui vous est le plus précieux au monde : la chance d'élever votre enfant unique pour en faire un adulte heureux, confiant, capable de courir des risques, de supporter l'échec, d'apprécier le succès et, surtout, de comprendre qu'il est aimé pour ce qu'il est.

Bibliographie

Dolto-Tolitch, C. *Vivre seul avec papa ou maman*, Paris, Gallimard, 1996.

Goleman, D. *L'Intelligence émotionnelle*, Paris, J'ai Lu, 1997.

Guitouni, M. *Au cœur de l'identité*, Montréal, Carte blanche, 2001.

Pickhardt, C. E. *L'Enfant unique : Atouts et pièges*, Paris, Albin Michel, 1999.

Pitkeathley, J. et D. Emerson. *Enfant unique*, Paris, Marabout, 2000.

Tarnero-Pansart, M.-C. *L'Enfant unique : La mauvaise réputation*, Paris, Autrement, 1999.

Wagonseller, B. R. *Vivre dans une famille monoparentale*, Montréal, Logiques, 2001.

Whitham, C. *Comment gagner la guerre des pleurnicheries et autres jérémiades*, Paris, Marabout, 1995.

L'auteur

Enseignante et écrivain, Carolyn White considère cependant que la tâche de sa vie fut d'élever son enfant unique. Tout comme la regrettée Jacqueline Kennedy, elle estime que rien n'est plus important que de réussir l'éducation de ses enfants. Lorsque sa fille est née, en 1981, ni Carolyn ni son époux, Chuck, ne se doutaient qu'ils noueraient des liens avec d'autres parents d'enfants uniques, partout dans le monde.

Depuis 1997, Mme White est rédactrice en chef d'*Only Child,* revue qui s'adresse aux enfants uniques de tout âge, ainsi qu'à leurs parents et amis. Elle s'est entretenue avec des centaines d'enfants uniques et leur entourage aux États-Unis, en Europe, en Inde et en Chine. Les articles publiés dans *Only Child* portent sur tous les aspects de la vie familiale, de la relation entre parents célibataires et leur enfant unique jusqu'à la recherche de soins gérontologiques pour les parents âgés.

Carolyn White est diplômée de l'Université du Massachusetts, de l'Université Wesleyan et de l'Université de Californie à Los Angeles (UCLA). Elle a enseigné l'anglais et le journalisme à l'école secondaire durant dix ans. Elle a occupé un poste de conseillère aux études et, depuis 1998, est directrice adjointe des admissions à l'école Crossroads de Santa Monica, Californie. Son travail lui a permis de faire la connaissance de centaines d'enfants uniques et de leurs parents, de s'entretenir avec eux du rôle parental, de l'éducation et des choix de vie.

Cet ouvrage est le fruit des années d'expérience de la mère d'une fille unique et d'une conseillère qui a aidé des enfants uniques et leurs parents à tirer le meilleur profit possible de leur situation particulière.

Table des matières

Dans la même collection

Achevé d'imprimer au Canada
sur papier Quebecor Enviro 100 % recyclé
sur les presses de Quebecor World Saint-Romuald